कमल नसीम

डॉ. कमल नसीम ने लखनऊ विश्वविद्यालय से अंग्रेज़ी साहित्य में एम.ए. किया और वहीं से लॉर्ड बायरन के स्त्री पात्रों पर 1991 में पी-एच.डी. की उपाधि प्राप्त की। उनकी पहली पुस्तक 'ग्रीस पुराण कथाकोश' 1983 में प्रकाशित हुई और उसे हिन्दी अकादमी, दिल्ली ने 1983-84 के 'सर्वश्रेष्ठ साहित्यिक कृति' पुरस्कार से सम्मानित किया। 'उर्दू साहित्य कोश' का प्रकाशन 1988 में और 'बृहद उर्दू साहित्य कोश' का 2002 में प्रकाशन। ग्रीक नाटककार सोफ़ाक्लीज़ के तीन नाटकों–'राजा ईडिपस', 'ईडिपस एट कोलोनस' एवं 'एंटीगनी'–का हिन्दी अनुवाद सन् 2000 में साहित्य अकादेमी से और 'ग्रीक नाट्य कलाकोश' 2004 में राष्ट्रीय नाट्य विद्यालय से प्रकाशित।

उन्होंने भारतीय विश्वविद्यालयों में अंग्रेज़ी साहित्य और भाषाविज्ञान पर पिछले पचास वर्षों में हुए शोधकार्यों के सन्दर्भ-ग्रन्थ Indian Doctoral Dissertations in English Studies : A reference guide का सह-सम्पादन किया जो सन् 2000 में प्रकाशित हुआ। बच्चों के लिए कविता-संग्रह 'सोचो क्या होता' सन् 2002 में प्रकाशित। सुप्रसिद्ध फ़िल्म निर्देशक गुलज़ार की चार फ़िल्मों—'आँधी', 'ख़ुशबू', 'लिबास' और 'हु तू तू' की पटकथाओं के हिन्दी लिप्यन्तरण 2005-2006 में प्रकाशित। अठारहवीं और उन्नीसवीं सदी के सात प्रतिनिधि शायरों के कलाम 'सतरंग' शीर्षक से 2007 में और पाकिस्तानी शायरा ज़ोहरा निगाह की शायरी का सम्पादित हिन्दी संस्करण 'शाम का पहला तारा' 2010 में प्रकाशित। हिन्दी और अंग्रेज़ी पत्रिकाओं में लेखों का निरन्तर प्रकाशन।

इसके अलावा लगभग दस वर्ष तक दूरदर्शन पर महिलाओं के कार्यक्रम 'घर-बाहर' का संचालन, कुछ वर्षों तक समाचार-वाचन, अनेक वृत्त-चित्रों के आलेख लिखे और उन्हें अपनी आवाज़ में रिकॉर्ड किया।

सम्प्रति : दिल्ली विश्वविद्यालय के श्यामाप्रसाद मुखर्जी महाविद्यालय के अंग्रेज़ी विभाग में एसोशिएट प्रोफ़ेसर।

सतरंग

18वीं और 19वीं सदी के प्रसिद्ध शायरों के चुनिन्दा शे'र

कमल नसीम

राधाकृष्ण पेपरबैक्स

राधाकृष्ण पेपरबैक्स में
पहला संस्करण : 2007
तीसरा संस्करण : 2022

राधाकृष्ण पेपरबैक्स : उत्कृष्ट साहित्य के जनसुलभ संस्करण

राधाकृष्ण प्रकाशन प्राइवेट लिमिटेड
जी-17, जगतपुरी, दिल्ली-110 051
द्वारा प्रकाशित

शाखाएँ : अशोक राजपथ, साइंस कॉलेज के सामने, पटना-800 006
पहली मंजिल, दरबारी बिल्डिंग, महात्मा गांधी मार्ग, प्रयागराज-211 001
36 ए, शेक्सपियर सरणी, कोलकाता-700 017

वेबसाइट : www.radhakrishnaprakashan.com
ई-मेल : info@radhakrishnaprakashan.com

बी.के. ऑफसेट
नवीन शाहदरा, दिल्ली-110 032
द्वारा मुद्रित

मूल्य : ₹150

SATRANG
by Kamal Naseem

ISBN : 978-81-8361-147-3

दो शब्द

(पाठकों के नाम)

उर्दू शायरी के तमाम संकलन आए दिन छपते ही रहते हैं, किन्तु क्रमबद्ध और सुव्यवस्थित ढंग से संयोजित संकलन अभाव के मरुस्थल में अपवाद के निर्झर से हैं। वे ऐसे मील के पत्थर हैं जो बता रहे हैं कि अभी कितना लम्बा सफ़र बाकी है। वे संकेत कर रहे हैं उस ज़मीन की तरफ 'हर इक ज़र्रे में जिसके सैकड़ों गुलशन हैं पोशीदा।' बहुत सी कलियाँ अपने गुलाबी पैरहन में कसमसा रही हैं, अनगिनत मोतियों को गोताख़ोरों का इन्तज़ार है, हज़ार रंग और खुशबुएँ बिखर जाने को बेक़रार हैं। उनमें से कुछ रंग समेटने की कोशिश की है हमने 'सतरंग' में। उर्दू ग़ज़ल के चुनिन्दा शे'रों के प्रस्तुत संकलन में हमने अठारहवीं और उन्नीसवीं सदी के सात जाने-माने शायरों को शामिल किया है। सात मख़सूस और मुख़्तलिफ़ रंगों का झिलमिल है यह। एक ओर 'मीर' हैं जिनके यहाँ अथाह करुणा है, भावों की तरलता और दिल में उतर जानेवाली सादगी है। पॉलिटिकल पोयट न होते हुए भी उनकी शायरी में अपने युग की राजनैतिक उथल-पुथल, स्थायित्व के अभाव की पीड़ा और नैराश्य प्रतिबिम्बित है। दूसरी ओर 'सौदा' की अदायगी उमंग, प्रफुल्लता और ओज से ओत-प्रोत है। 'ज़फ़र' में व्यक्तिगत वेदना, वैभव की अस्थिरता और भाग्य की विडम्बना कभी आपबीती तो कभी जगबीती बनकर उभरती है। 'ज़ौक' उस्ताद-शायर हैं। उनके यहाँ शब्द चयन, वाक्य-विन्यास, मुहावरों का कुशल प्रयोग, सफ़ाई, सादगी और गागर में सागर भरने का हुनर है। अनुभूति की असाधारण तीव्रता, एक नई संवेदना, कल्पना की पैग़म्बरी उड़ान, वैचारिक तल्लीनता, समर्थ भाषा-शैली, अछूती उपमाएँ और चित्रांकन की अद्‌भुत शक्ति लेकर पूर्व निश्चित काव्य-धारणाओं और विषयगत सीमाओं को तोड़ते हुए ग़ज़ल

पर एक नया आसमान खोलते हैं मिर्ज़ा 'ग़ालिब'। हुस्नो-इश्क़ के परम्परागत विषय पर ऐसे खूबसूरत और दिलफ़रेब अन्दाज़ में लिखते हैं 'मोमिन' कि साधारण को असाधारण बना देते हैं। भाषा को अभिव्यंजना की नई सामर्थ्य से सजाते हैं 'दाग़' देहलवी, जिनके यहाँ ग़ज़ल की शोखी और रंगीनी के साथ दिल्ली की शुद्ध परिमार्जित टकसाली उर्दू का उत्कृष्ट रूप देखने को मिलता है। शायरी के इन सात रंगों की इन्द्रधनुषी आभा आपको इस संकलन में अपनी पूरी आबोताब के साथ मिलेगी।

'सतरंग' में सात शायर हैं और उनके लगभग 800 चुनिन्दा शे'र। प्रत्येक कवि का संक्षिप्त परिचय भी उनके कलाम से पहले दिया गया है। समय, जीवन और सृजन का अटूट रिश्ता इन्कार की हदों से परे है। जीवन-वृत्त में शायरी का सूत्र है तो शायरी में जीवन उद्भासित है। दोनों मिलकर बोल्ड रंगों और बोल्ड स्ट्रोक्स में एक युग की तस्वीर बनाते महसूस होते हैं। और, साथ ही कलाम की बेहतर समझ और मूल्यांकन की ज़मीन तैयार करते हैं।

यह संकलन उस पाठक के लिए है जो उर्दू से प्यार करता है, ग़ज़ल का दीवाना है, ग़ज़ल गायकी का क़द्रदान है मगर उर्दू की लिपि से वाक़िफ नहीं। उसकी ज़रूरतों और अपेक्षाओं को ध्यान में रखते हुए ऐसे शे'रों का चुनाव किया गया है जिनमें विचार और भाव की उत्कृष्टता है मगर जिनकी भाषा अपेक्षाकृत सरल है, जिनकी अदायगी मन को मोह लेती है और धार सीधी दिल में उतर जाती है। ये ऐसे शे'र हैं जिन्हें याद करने की कोशिश नहीं करनी पड़ती, जिनमें ध्वन्यात्मक सौन्दर्य की सृष्टि है, जिनमें असाधारण उद्धरणीयता है और जिनमें ग़ज़ल का तग़ज़्ज़ुल और शायर का अंदाज़े-बयाँ अपने श्रेष्ठतम रूप में मुखर है। कठिन शब्दों के अर्थ शे'र के साथ दिए गए हैं ताकि रसानुभूति में बाधा न आए। ग़ज़ल में प्रयुक्त होनेवाले कुछ परम्परागत प्रतीकों, अन्तर्कथाओं और काव्य-चरित्रों पर विस्तृत नोट संकलन के अन्तिम भाग में दिए गए हैं ताकि रसानुभूति के साथ-साथ उर्दू ग़ज़ल के प्रति एक प्रबुद्ध दृष्टिकोण भी विकसित हो सके। कुछ ग़ज़लों के एक से अधिक शे'र भी संकलन में शामिल हैं। ये बहुधा ऐसी ग़ज़लें हैं जो बहुत ही लोकप्रिय हैं और शायर की खास पहचान। शे'रों का संयोजन यथासंभव विषय के अनुरूप किया गया है। दर्शन, अध्यात्म रहस्यवाद,

हुस्नो-इश्क़, एक विशिष्ट सोच या प्रतीक अथवा किसी विशेष काव्य-चरित्र, जैसे नासेह, क़ासिद, वाइज़ इत्यादि से सम्बद्ध प्रत्येक शायर के शे'र आपको एक ही स्थान पर मिलेंगे। शायर का ख़ास अंदाज़े-बयाँ, चमत्कृत करनेवाला वर्ड-प्ले, अशआरों में संवाद और तख़ल्लुस का बहुआयामी या अनेकार्थक प्रयोग भी आपको एक ही जगह मिलेगा।

आशा है कि यह छोटा-सा प्रयास एक बड़े पाठक वर्ग के दिल में अपनी जगह बनाने में कामयाब होगा।

–कमल नसीम
रीडर, अंग्रेजी विभाग
श्यामा प्रसाद मुखर्जी कॉलेज
(दिल्ली विश्वविद्यालय)

अनुक्रम

मीर तक़ी 'मीर' (सन् 1725-1810 ई.)

लगभग साठ वर्ष की आयु में मीर ने 'ज़िक्रे-मीर' शीर्षक से फ़ारसी में आपबीती लिखी जिससे उनके जीवन के कई पहलू उजागर हुए। 'मीर' का जन्म सन् 1725 ई. में आगरा में हुआ। दस-ग्यारह वर्ष के ही थे जब पिता का देहान्त हो गया। बचपन विपन्नता की स्थिति में गुज़रा और जवानी रोज़ी-रोटी की तलाश में। आगरा से दिल्ली और फिर दिल्ली से आगरा। गृह-युद्ध और नादिरशाह के हमले से क्षत-विक्षत हिन्दुस्तान और व्यक्तिगत स्वाभिमान उन्हें कहीं टिकने न देता था। अपने समय के प्रसिद्ध शायर और विद्वान खान 'आरज़ू' 'मीर' के मामा थे। 'मीर' कुछ समय तक दिल्ली में उनके पास भी रहे। एक शायर के रूप में 'मीर' की ख्याति 25-26 वर्ष की आयु में ही स्थापित हो गई थी। अन्य रईसों के अतिरिक्त लखनऊ के नवाब आसफ़ुद्दौला और उनके बाद सआदत अली खाँ ने इन्हें राज्य प्रश्रय दिया। मीर की ज़िन्दगी के आख़िरी साल लखनऊ में ही गुज़रे और वहीं सन् 1810 ई. में आपका देहांत हुआ।

यद्यपि 'मीर' ने मसनवी, क़सीदा, वासोख़्त और शिकारनामे भी लिखे मगर बादशाह आप ग़ज़ल के हैं। आपकी शायरी में ज़िन्दगी के तमाम रंग अपनी इन्द्रधनुषी छटा बिखेरते नज़र आते हैं। शे'रों में असाधारण मार्मिकता और कोमलता के साथ ग़ज़ब की शोख़ी और रंगीनी है, सादगी के साथ बाँकपन का अनूठा मनोहारी संगम है। निराशा और करुणा के हमराह ऐसी तरलता और ताज़गी है कि 'मीर' का हर शे'र सीधा दिल में उतर जाता है। असफल प्रेम की पीड़ा, स्वाभिमान की अतिशयता, जीवन की क्षणभंगुरता, वैभव की अस्थिरता और पल-पल बदलता राजनैतिक परिवेश–सभी कुछ गहरे रंगों में रेखांकित है आपके कलाम में। वस्तुतः मीर की प्रकृति में जगबीती आपबीती होकर ढली और आपबीती में जगबीती की तस्वीर उभर आई।

'मीर' की शायरी में फ़ारसी रवायतों के साथ हिन्दुस्तानी शैली, सुर लय और स्थानीय भाषाओं की मिठास समाहित है। आपने आम बोलचाल की भाषा को

अपनाया, उसे साहित्यिक रूप देकर अभिव्यक्ति के विस्तार की राहें खोलीं, नए प्रयोग किए जिनके फलस्वरूप खड़ी बोली का एक नया, निखरा हुआ प्रामाणिक रूप सामने आया। भाषा के विकास और निर्माण की प्रक्रिया में 'मीर' की भूमिका के लिए उर्दू ग़ज़ल सदा आपकी ऋणी रहेगी।

देख तो दिल कि जाँ से उठता है
ये धुआँ सा कहाँ से उठता है
बैठने कौन दे है फिर उस को
जो तिरे आस्ताँ से उठता है
यूँ उठे आह उस गली से हम
जैसे कोई जहाँ से उठता है

*

हस्ती अपनी हुबाब की सी है
ये नुमाइश सराब की सी है
बार-बार उसके दर प जाता हूँ
हालत अब इज़्तराब की सी है
नाज़ुकी उस के लब की क्या कहिए
पंखड़ी इक गुलाब की सी है
'मीर' उन नीम बाज़ आँखों में
सारी मस्ती शराब की सी है

*

जो तुझ बिन न जीने को कहते थे हम
सो इस अहद् को अब वफ़ा कर चले
बहुत आरज़ू थी गली की तिरी
सो याँ से लहू में नहा कर चले
जबीं सिजदा करते ही सर से गयी
हक़्क़े-बंदगी हम अदा कर चले
परस्तिश की याँ तक, कि ऐ बुत तुझे
नज़र में सभों की खुदा कर चले

*

इश्क़ कोई हमदर्द कहीं मुद्दत में पैदा करता है
कोह[1] रहे गो नाला[2] बरसों लेकिन अब फ़रहाद नहीं

*

कदम दश्ते-महब्बत[3] में न रख 'मीर'
कि सर जाता है गामे-अव्वलीं[4] पर

*

दिल की तह की कही नहीं जाती, नाज़ुक हैं असरार बहुत
अच्छर हैं तो इश्क़ के दो ही लेकिन है बिस्तार बहुत

*

सख़्त क़ाफ़िर था जिनने पहले 'मीर'
मज़हबे-इश्क़ इख़्तियार किया

*

इश्क़ हमारे ख़्याल पड़ा है, ख़्वाब गया आराम गया
जी का जाना ठहर गया है सुब्ह गया या शाम गया

*

किसू से दिल नहीं मिलता है या रब
हुआ था किस घड़ी उनसे जुदा मैं

*

आवारगाने-इश्क़ का पूछा जो मैं निशाँ
मुश्ते-गुबार ले के हवा में उड़ा दिया

*

क्या कहूँ तुमसे मैं कि क्या है इश्क़
जान का रोग है, बला है इश्क़
इश्क़ है तर्ज़-ओ-तौर, इश्क़ के तईं
कहीं बन्दा, कहीं ख़ुदा है इश्क़
इश्क़ माशूक, इश्क़ आशिक है
यानी अपना ही मुब्तिला है इश्क़

---

1. पर्वत, 2. फ़रियादी, 3. प्रेम का जंगल, 4. पहला कदम।

कौन मक़सद को इश्क़ बिन पहुँचा
आरज़ू इश्क़, मुद्दआ है इश्क़

*

इश्क़ में जी को सब्रो-ताब कहाँ
उस से आँखें लगीं, तो ख़्वाब कहाँ
इश्क़ का घर है 'मीर' से आबाद
ऐसे फिर ख़ानुमाँ ख़राब[1] कहाँ

*

ये जौर-ओ-जौरकश[2] थे कहाँ आगे इश्क़ में
तुझ से जफ़ा, ओ मीर से रस्मे-वफ़ा चली

*

रोज़ आने प नहीं निस्बते-इश्क़ी[3] मौकूफ़[4]
उम्र भर एक मुलाकात चली जाती है

*

हम तौरे-इश्क़ से तो वाकिफ़ नहीं हैं लेकिन
सीने में जैसे कोई दिल को मला करे है

*

लगा न दिल को कहीं, क्या सुना नहीं तूने
जो कुछ कि 'मीर' का इस आशिक़ी ने हाल किया

*

आग थे इब्तिदा-ए-इश्क़ में हम
अब जो हैं ख़ाक इन्तिहा है ये

*

सिजदा करने में सिर कटे हैं जहाँ
सो तेरा आस्तान[5] है प्यारे

*

1. बेघरबार, 2. जुल्म करने और जुल्म सहने वाले, 3. प्रेम सम्बन्ध, 4. निर्भर, 5. चौखट।

मेरे सलीक़े से मेरी निभी महब्बत में
तमाम उम्र मैं नाकामियों से काम लिया

*

दूर बैठा गुबारे-मीर[1] उस से
इश्क़ बिन ये अदब नहीं आता

*

राहे-दूरे-इश्क़ है रोता है क्या
आगे-आगे देखिए होता है क्या

*

है इश्क़ में सब्र नागवारा
फिर सब्र बिन और क्या है चारा

*

सूरत परस्त[2] होते नहीं माअनी आश्ना[3]
है इश्क़ से बुतों के मिरा मुद्दआ[4] कुछ और
मज़हब से मेरे क्या तुझे, तेरा दयार और
मैं और, यार और, मिरा कारोबार और

*

कभू तो दैर में हूँ मैं, कभू हूँ मैं का'बे में
कहाँ-कहाँ लिये फिरता है शौक़ उस दर का

*

'मीर' के दीनो-मज़हब को अब पूछते क्या हो, उनने तो
क़श्क[5]: खेंचा, दैर[6] में बैठा, कब का तर्क़[7] इस्लाम किया

*

तलाश 'मीर' की अब मैकदों में काश करें
कि मस्जिदों में तो वो ख़ानुमाँ-ख़राब[8] नहीं

*

---

1. मीर की राख, 2. सौन्दर्य के पुजारी, 3. गुण ग्राहक, 4. उद्देश्य, 5. तिलक, 6. मंदिर, 7. त्याग, 8. बरबाद।

जिस राह हो के आज मैं पहुँचा हूँ तुझ तलक
क़ाफ़िर का भी गुज़ार इलाही उधर न हो

*

जहाँ सिजदे में हम ने ग़श किया था[1]
वहीं शायद कि उस का आस्ताँ हो

*

शाम से कुछ बुझा सा रहता है
दिल हुआ है चराग़ मुफ़लिस का

*

दिल ने हमको मिसाले-आईना
एक आलम[2] का रुशिनास किया[3]

*

दिल की वीरानी का क्या मज़कूर है[4]
ये नगर सौ मर्तबा लूटा गया

*

दिल की आबादी की, इस हद है खराबी कि न पूछ
जाना जाता है, कि इस राह से लश्कर निकला

*

दिल है यक़ क़तरा ख़ूँ नहीं है बेश
एक आलम के सर बला लाया
इब्तिदा[5] ही में मर गए सब यार
इश्क़ की कौन इन्तिहा[6] लाया

*

हमारे आगे तेरा जब किसू ने नाम लिया
दिले सितमज़दा को, हमने थाम-थाम लिया

*

मसाइब[7] और थे पर दिल का जाना
अजब इक सानिहा[8] सा हो गया है

*

1. बेहोश हुआ था, 2. संसार, 3. परिचित कराया, 4. चर्चा, 5. आरम्भ, 6. आखिर, 7. मुश्किलें, 8. हादसा।

करे क्या कि दिल भी तो मजबूर है
ज़मीं सख़्त है आस्माँ दूर है

*

उम्र भर हम रहे शराबी से
दिले-पुर ख़ूँ की इक गुलाबी से

*

दिल वो नगर नहीं कि फिर आबाद हो सके
पछताओगे, सुनो हो, ये बस्ती उजाड़ के

*

इस तरह दिल गया कि अब तक हम
बैठे रोते हैं, हाथ मलते हैं

*

तू परी, शीशे से नाजुक है, न कर दावा-ए-मेहर
दिल हैं पत्थर के उन्हों के, जो वफ़ा करते हैं

*

एक सब आग, एक सब पानी
दीदा-ओ-दिल अज़ाब हैं दोनों

*

लपेटा है दिले-सोज़ाँ को अपने, 'मीर' ने ख़त में
इलाही नामाबर को इसके ले जाने की ताब आवे

*

हम ख़स्ता दिल हैं तुझ से भी नाज़ुक मिजाज़ तर
त्यौरी चढ़ाई तूने कि यों जी निकल गया

*

अब के जो तिरे कूचे से जाऊँगा, तो सुनियो
फिर जीते जी इस राह को बदनाम न आया

*

न शिकवा-शिकायत, न हर्फ़ो-हिकायत
कहो 'मीर' जी आज क्यों हो ख़फ़ा से

*

समझे थे हम तो 'मीर' को आशिक़ उसी घड़ी
जब सुनके तेरा नाम वो बेताब सा हुआ

*

रही-ना-गुफ़्त[1] मिरे दिल में दास्ताँ मेरी
न इस दयार[2] में समझा कोई ज़बाँ मेरी

*

हाले-बद गुफ़्तनी नहीं मेरा
तुमने पूछा तो मेहरबानी की

*

मेरे तग़ईर-हाल[3] पर मत जा
इत्तिफ़ाकात[4] है ज़माने के

*

बाहम[5] सुलूक था तो उठाते थे नर्म-गर्म
काहे को 'मीर' कोई दबे जब बिगड़ गयी

*

लुत्फ़ पर उसके, हमनशीं मत जा
कभू हम पर भी मेहरबानी थी

*

जब कि पहलू से यार उठता है
दर्द बेइख़्तियार उठता है

*

दौर में चश्मे-मस्त के तेरे
फ़ित्ना[6] भी होशियार रहता है

*

1. न कहने योग्य, 2. संसार, 3. स्थिति परिवर्तन, 4. संयोग, आकस्मिक घटनाएँ, 5. परस्पर, 6. उपद्रव।

आँखों ही में रहे हो, दिल से नहीं गये हो
हैरान हूँ ये शोख़ी आयी तुम्हें कहाँ से

*

तुम छेड़ते हो बज़्म में मुझको तो हँसी से
पर मुझ प जो हो जाये है पूछो मिरे जी से

*

इक निगह कर के उसने मोल लिया
बिक गये हम भी आह क्या सस्ते

*

रात तो सारी गई सुनते परीशाँ गोई
मीर जी कोई घड़ी तुम भी तो आराम करो

*

गुल ने हरचंद कहा, बाग़ में रह, पर उस बिन
जी जो उचटा तो किसी तरह लगाया न गया

*

क्या है गुलशन में, जो क़फ़स[1] में नहीं
दाग़े-दिल देखे, सो चमन देखा

*

'मीर' के होश के हैं हम आशिक़
फ़स्ले-गुल जब तलक थी, मस्त रहा

*

पत्ता-पत्ता बूटा-बूटा हाल हमारा जाने है
जाने न जाने, गुल ही न जाने, बाग़ तो सारा जाने है

*

सुब्हे-चमन का जलवा हिन्दी बुतों में देखा
संदल भरी जबीं है, होठों की लालियाँ हैं

*

---

1. पिंजरा।

हम भी तो फ़स्ले-गुल में, चल टुक तो पास बैठें
सर जोड़-जोड़ कैसे कलियाँ निकलतियाँ हैं

*

दाग़ों से भर गया है मिरा सीना-ए-फ़िग़ार[1]
गुल फूल ज़ोर ज़ोर खिले इस बहार में
तड़पे है मुत्तसिल[2] वो कहाँ ऐसे रोज़ो-शब
है फ़र्क 'मीर' बर्क़ औ दिले-बेक़रार में

*

उससे यूँ गुल ने रंग पकड़ा है
शम्अ से जैसे लें चराग़ जला

*

हम हुए, तुम हुए, कि 'मीर' हुए
उसकी जुल्फ़ों के सब असीर[3] हुए

*

देखें तो क्या दिखाये, ये इफ़राते-इश्तियाक[4]
लगती हैं तेरी आँखें हमें प्यारियाँ बहुत

*

फूल गुल, शम्सो-क़मर[5], सारे ही थे
पर हमें उन में, तुम्हीं भाये बहुत

*

जितने थे कल तुम, आज नहीं पाते उतना हम
हर दम चले ही जाते हो, आबे-रवाँ[6] से तुम

*

चाहें तो तुम को चाहें, देखें तो तुम को देखें
ख़्वाहिश दिलों की तुम हो, आँखों की आरज़ू तुम

*

1. जख़्मी सीना, 2. बराबर, 3. क़ैदी, 4. अभिलाषा का आधिक्य, 5. सूरज और चाँद, 6. बहता हुआ पानी।

सहल इस क़दर नहीं है, मुश्किल पसंदी अपनी
जो तुझ को देखते हैं, मुझको सराहते हैं

*

फ़िक्रे-तामीरे-दिल किसू को नहीं
ऐसी वैसी बिनाएँ[1] क्या-क्या हैं

*

कुछ करो फ़िक्र मुझ दिवाने की
धूम है फिर बहार आने की

*

कुछ मौजे-हवा पेचाँ[2] ऐ 'मीर' नज़र आयी
शायद कि बहार आयी जंजीर नज़र आयी

*

देखी न एक चश्मके-गुल[3] भी चमन में आह
हम आख़िरे-बहार[4] क़फ़स से रिहा हुए
सैरे-गुलज़ार मुबारक हो सबा को, हम तो
एक परवाज़ न की थी कि गिरफ़्तार हुए

*

हम चमन में गये थे, वा न हुए
नकहते-गुल से आश्ना न हुए

*

चलते हो तो चमन को चलिए, कहते हैं कि बहाराँ हैं
पात हरे हैं, फूल खिले हैं, कम कम बादो-बाराँ हैं

*

रफ़्तगाँ[5] में जहाँ के, हम भी हैं
साथ उस कारवाँ के, हम भी हैं
जिस चमनज़ार का है तू गुले-तर
बुलबुल उस गुलसिताँ के हम भी हैं

---

1. निर्माण, 2. लहराती हुई हवा, 3. फूल का इशारा, 4. बहार के अन्त में, 5. गुज़रे हुए लोग।

वज्हे-बेगानगी नहीं मालूम
तुम जहाँ के हो, वाँ के हम भी हैं

*

बहुत नाआश्ना[1] थे लोग याँ के
चले हम चार दिन रह कर जहाँ में

*

बारे[2] दुनिया में रहो ग़मज़दा या शाद रहो
ऐसा कुछ कर के चलो याँ कि बहुत याद रहो

*

सुब्ह होती है शाम होती है
उम्र यूँ ही तमाम होती है

*

क्या कहें कुछ कहा नहीं जाता
और चुप भी रहा नहीं जाता

*

कहते तो हो यूँ कहते, यूँ कहते जो वो आता
ये कहने की बातें हैं, कुछ भी न कहा जाता

*

अब तो चुप लग गई है हैरत से
फिर खुलेगी ज़बान, जब की बात

*

कहा था हमने बहुत बोलना नहीं है ख़ूब
हमारे यार को, सो अब हमीं से बात न चीत

*

अब तो हुए हैं हम भी, तिरे ढब से आश्ना
वाँ तूने कुछ कहा, कि इधर हमने पाई बात

*

1. अपरिचित, बेगाने, 2. आख़िरकार।

शोख़ी तो देखो, आप ही कहा, आओ बैठो 'मीर'
पूछा कहाँ, तो बोले कि मेरी ज़ुबान पर

*

रुख़सते-जुम्बिशे लब[1] इश्क़ की हैरत से नहीं
मुद्दतें गुज़रीं कि हम चुप ही रहा करते हैं

*

हुस्न तो है ही, करो लुत्फ़े-ज़बाँ[2] भी पैदा
'मीर' को देखो, कि सब लोग भला कहते हैं

*

ज़बानें बदलते हैं हर आन-ख़ूबाँ[3]
ये सब कुछ हैं बिगड़े ज़माने की बातें

*

आह मेरी ज़बान पर आई
ये बला आस्मान पर आई

*

ये कह के जो रोया तो लगा कहने, न कह 'मीर'
सुनता नहीं मैं ज़ुल्म रसीदों[4] की कहानी

*

बुलबुल ग़ज़ल सराई आगे हमारे मत कर
सब हम से सीखते हैं अंदाज़ गुफ़्तगू का

*

जाने का नहीं शोर सुख़न का मेरे हरगिज़
ता हश्र[5] जहाँ में मिरा दीवान रहेगा

*

पढ़ते फिरेंगे गलियों में इन रेख़्तों को लोग
मुद्दत रहेंगी याद ये बातें हमारियाँ

*

---

1. होंठों का न हिलना, 2. बोली की मिठास, 3. सुन्दरियाँ, 4. जुल्म सहने वालों की, 5. कयामत तक।

मिसरा कोई कोई कभू मौज़ूँ[1] करूँ हूँ मैं
किस ख़ुशसलीकगी[2] से जिगर ख़ूँ करूँ हूँ मैं

*

मत सहल हमें समझो, फिरता है फ़लक़[3] बरसों
तब ख़ाक के पर्दे से, इंसान निकलते हैं

*

अब कर के फ़रामोश[4] तो नाशाद करोगे
पर हम जो न होंगे तो बहुत याद करोगे

*

लज़्ज़त से नहीं ख़ाली, जानों का खपा जाना
कब ख़िज़्र-ओ-मसीहा[5] ने, जीने का मज़ा जाना

*

मरते हैं हम तो आदमे-ख़ाकी[6] की शान पर
अल्लाह रे दिमाग़ कि है आस्मान पर

*

वो लोग तुमने एक ही शोख़ी में खो दिये
पैदा किये थे चर्ख़[7] ने जो, ख़ाक छान कर

*

मर्ग़[8] इक मांदगी[9] का वक्फ़ा है
यानी आगे चलेंगे, दम ले कर

*

जिस सिर को ग़ुरूर आज है याँ ताजवरी[10] का
कल उस प यहीं शोर है फिर नौहागरी[11] का
आफ़ाक[12] की मंज़िल से गया कौन सलामत
अस्बाब लुटा राह में याँ हर सफ़री[13] का

*

---

1. काव्यबद्ध, 2. कुशलता, 3. आसमान, 4. भुलाना, 5. दो पैग़म्बर, 6. मिट्टी का पुतला, 7. आसमान, 8. मृत्यु, 9. थकन, 10. बादशाहत, 11. विलाप, 12. दुनिया, 13. यात्री।

हमारे देखते ज़ेरे-नगीं[1] था मुल्क सब जिनके
कोई अब नाम भी लेता नहीं, उन मुल्कगीरों[2] का

*

दिल्ली में आज भीख भी मिलती नहीं उन्हें
था कल तलक दिमाग़ जिन्हें तख़्तो-ताज का

*

ख़ाक भी सर प डालने को नहीं
किस ख़राबे में हुए हम आबाद
चार दीवारि-ए-अनासिर[3] 'मीर'
ख़ूब जागह[4] है पर है बेबुनियाद[5]

*

बेरंग, बे सबाती[6], ये गुलसिताँ बनाया
बुलबुल ने क्या समझ कर याँ आशियाँ बनाया

*

शहाँ[7] कि कोहले-जवाहिर[8] थी ख़ाके-पा जिनकी
उन्हीं की आँखों में फिरती सलाइयाँ देखीं

*

हफ़्त इक़्लीम[9] हर गली है, कहीं
दिल्ली से भी दयार होते हैं

*

आ जायें हम नज़र जो कोई दम, बहुत है याँ
मुहलत हमें बसाने-शरर[10], कम बहुत हैं याँ

*

दिल-ओ-दिल्ली दोनों अगर हैं ख़राब
प कुछ लुत्फ़ उस उजड़े घर में भी है

*

शिकवा-ए-आब्ला अभी से 'मीर'
है पियारे हनोज़[11] दिल्ली दूर

---

1. शासनाधीन, 2. विजेताओं, 3. चार तत्त्वों की चारदीवारी, 4. जगह, 5. बिना नींव की, 6. स्थायित्वहीन, 7. बादशाह, 8. जवाहरात का सुरमा, 9. सातों आसमान, 10. एक चिंगारी की तरह, 11. अभी।

मिर्ज़ा रफ़ी 'सौदा' (सन् 1714-1781 ई.)

'सौदा' के पूर्वज काबुल से भारत आए थे। आप के पिता व्यापारी थे। 'सौदा' का जन्म दिल्ली में हुआ और बचपन सुख-समृद्धि में बीता, शिक्षा-दीक्षा भी ढंग से सम्पन्न हुई। पहले फ़ारसी में लिखते थे, 'आरज़ू' की सलाह पर उर्दू में लिखना शुरू किया और शीघ्र ही लोकप्रिय हो गए। दरबार तक रसाई थी, बादशाह शाह आलम आपसे इस्लाह लेते थे। ये मुग़लिया सल्तनत के पतन के दिन थे। बादशाहत अपने प्रतीकात्मक रूप में ही रह गयी थी। खून-ख़राबे, लूटपाट और राजनैतिक अस्थिरता के माहौल में सृजन की प्रक्रिया भी कई रूपों और रंगों में ढल रही थी। 'मीर' के आँगन में वेदना और करुणा की बरसात थी। मगर 'सौदा' का स्वभाव कुछ अलग था। आप विनोदप्रिय और खिलंदड़े थे और चुटकियाँ लेने में ख़ास मज़ा लेते थे। यही कारण है कि आपको हिजो, क़सीदे और शहर आशोब जैसी विधाओं में विशेष सफलता प्राप्त हुई।

'सौदा' की ग़ज़लों में 'मीर' जैसा सोज़ो-गुदाज़, नरमी और तड़प नहीं, आपकी विशेषता शब्दों का चयन, वाक्य-विन्यास, भाषा का प्रवाह और एक विशेष प्रकार का ओज है। शे'रों की बंदिश चुस्त है और प्रत्येक शब्द अपनी जगह पर नगीने की तरह जड़ा है। अदायगी उमंग और प्रफुल्लता से भरपूर है।

पर्दे को तअय्युन[1] के दरे-दिल से उठा दे
खुलता है अभी पल में तिलिस्मात जहाँ का

*

हर संग में शरार[2] है तेरे ज़हूर[3] का
मूसा नहीं जो सैर करूँ कोहे-तूर[4] का

*

'सौदा' निगाह दीद-ए-तहक़ीक[5] के हुज़ूर[6]
जल्वा हरेक ज़र्रे में है आफ़ताब का

*

फ़ज़्ले-हक़[7] हो तो तनज़्ज़ुल[8] ही तरक़्क़ी हो जाए
क़तरा गौहर[9] हो सिदफ़[10] से मैं निकलते देखा

*

रौशन है वो हर एक सितारे में ज़ुलैख़ा
जिस नूर को तूने महे-कुनआन[11] में देखा

*

नज़र आ जाए है जैसी कि हिन्दुस्तान में सूरत
कभू काहे को ऐसी ख़ल्क हुई कुनआन में सूरत
ज़ुलैख़ा से कहो टुक दीद-ए-तहक़ीक़ से देखे
बा-अज़-यूसुफ़ नज़र आवेगी हर इन्सान की सूरत
समझता लेख हर पत्थर की नादाँ नक़्श शीरीं का
बनाने क्यों गया फ़रहाद कोहिस्तान[12] में सूरत

*

1. अस्तित्व-लोक, 2. चिंगारी, 3. प्रकटन, 4. तूर नामक पहाड़ जहाँ मूसा को ज्ञान प्राप्त हुआ, 5. पारखी नज़र, 6. सामने, 7. ईश्वर-कृपा, 8. पतन, 9. मोती, 10. सीप, 11. कुनआन का चाँद अर्थात् हज़रत युसूफ़, 12. पर्वत।

राज़े-दैरो-हरम अफ़शा[1] न करें हम हरगिज़
वरना वो क्या है जो हो अपनी नज़र से बाहर

*

किस रंग में देखा न तिरे रंग का जल्वा
सब रंग में तू, पे तिरा सबसे है बरी[2] रंग

*

न देखा जो कुछ जाम में जम[3] ने अपने
सो इक क़तरा-ए-मै में हम देखते हैं

*

कुफ़्र की मेरे तजल्ली[4] है नज़ीरे-शमए-नूर[5]
पूजूँ हूँ जिस बुत को मैं, इक नूर है अल्लाह का
इश्क़ की भी मंज़िल[6] कुछ कम खुदाई से नहीं
एक सा अहवाल याँ भी है गदा-ओ-शाह का[7]

*

कमाले-बंदगिए-इश्क़[8] है खुदावंदी
कि एक ज़न ने[9] महे-मिस्र[10] सा गुलाम लिया

*

आदम का जिस्म जब कि अनासिर[11] से मिल बना
कुछ आग बच रही थी, सो आशिक़ का दिल बना

*

हिन्दू है बुतपरस्त, मुस्लमाँ खुदापरस्त
पूजूँ मैं उस किसी को जो हो आशनापरस्त

*

दिखाऊँगा तुझे ज़ाहिद, उस आफ़ते-दीं[12] को
ख़लल दिमाग़ में तेरे है पारसाई[13] का

*

1. मंदिर-मस्जिद के रहस्य, 2. उत्कृष्ट, 3. ईरान के बादशाह जमशेद के पास एक ऐसा जाम था जिसमें वो सारी दुनिया देख लेता था, 4. रोशनी, 5. तूर पर्वत के आलोक की मिसाल, 6. रुतबा 7. भिखारी और बादशाह का, 8. प्रेम में बंदगी की परिणति, 9. स्त्री ने (इस संदर्भ में ज़ुलैख़ा), 10. मिस्र का चाँद (पैग़म्बर हज़रत यूसुफ़ जो अति सुदर्शन थे), 11. तत्त्व, 12. ईमान के लिए मुसीबत, 13. पवित्रता।

तुझ हुस्न ने दिया न कभी मुफ़्सदी[1] को चैन
फ़ित्ना न तेरे दौर में फिर नींद सो सका

*

न खेंच ऐ शाना[2] इन ज़ुल्फ़ों को, याँ 'सौदा' का दिल अटका
असीरे-नातवाँ[3] है ये, न दे ज़ंजीर को झटका

*

तेरे कूचे से जो मैं आपको चलते देखा
जी किसी तन से न इस तरह निकलते देखा

*

शब आ गया जो बज़्म में प्यारे तू यक ब यक
चेहरे से रंग शमआ के काफ़ूर हो गया।

*

इश्क़ की ख़िलक़त[4] से आगे मैं तिरा दीवाना था
संग में आतिश थी जब, तू शमा, मैं परवाना था

*

जो ज़िक्र बाद मिरे होगा जाँनिसारों का
करोगे याद मुझी को कि वो फ़लाना था

*

तुझ रुख़ पे ता[5] निसार करें मेह्रो-माह को[6]
लबरेज़[7] सीमो-ज़र[8] से है दोनों रक़ाबियाँ

*

बातें किधर गईं वो तिरी भोली-भोलियाँ
दिल ले के बोलता है जो तू अब ये बोलियाँ

*

सितम से किया तूने हमको ये ख़ूगर[9]
करम में तिरे हम सितम देखते हैं

*

---

1. फ़सादी, उपद्रवी, 2. कंधा, 3. अशक्त बंदी, 4. सृष्टि, 5. ताकि 6. सूरज-चाँद को, 7. भरी हुई, 8. चाँदी-सोना, 9. अभ्यस्त।

क्या ज़िद है ख़ुदा जानिए मुझ साथ वगरना
काफ़ी है तसल्ली को मिरी एक नज़र भी

*

तिरी गली से गुज़रता हूँ इस तरह ज़ालिम
कि जैसे रेत से पानी की धार गुज़रे है

*

शमओ-चराग़ गो कि मिरी शब से दूर है
तू घर में हो मिरे तो अँधेरा भी नूर है

*

मुझे पसीना जो तेरे नख पर दिखाई दे है तो सोचता हूँ
ये क्यों के[1] सूरज की जोत आगे हरेक तारा छिटक रहा है

*

'सौदा' के ज़र्द चेहरे को शोख़ी की राह से
कहता है तेरा रंग तो अब कुछ निखर चला

*

कहे है सुन के मिरी सरगुज़िश्त[2] वो बेरहम
ये कौन ज़िक्र है, जाने भी दो, हुआ सो हुआ

*

है फ़िक्रे-वस्ल[3] सुब्ह तो अंदोहे-हिज्र[4] शाम
इस रोज़ो-शब[5] के धंधे में अब मैं तो मर चला

*

'सौदा' जो तिरा हाल है इतना तो नहीं वो
क्या जानिए तूने उसे किस आन[6] में देखा

*

आलम से की है सुलह मगर एक मेरे साथ
झगड़े वही अबस[7] के, वही जंग अब तलक

---

1. क्यों कर, 2. आपबीती, 3. मिलन की चिंता, 4. वियोग की पीड़ा, 5. दिन-रात, 6. पल, 7. व्यर्थ।

'सौदा' निकल चुका है वो हंगामे-नाज़ से[1]
पर मुझ से है अदा का वही रंग अब तलक

*

तुझ क़ैद से दिल हो कर आज़ाद बहुत रोया
लज़्ज़त[2] को असीरी की[3] कर याद बहुत रोया
'सौदा' से ये मैं पूछा, दिल मैं भी किसी को दूँ
वो कर के बयाँ अपना रुदाद[4] बहुत रोया

*

वाइज़[5] तो सुने-बोले हैं जिस रोज़ की बातें
उस रोज़ को हमने शबे-हिजरात में[6] देखा

*

करते हैं असीरे-कफ़सो-दाम[7] ही फ़रियाद
ले सकते नहीं साँस गिरफ़्तारे-मुहब्बत
टुक सादा-दिली पर तो मिरी रहम कर ऐ यार
है तुझ से सितमगर से तलबगारे-मुहब्बत

*

तुझ बिन बहुत ही कटती है औक़ात बेतरह
जूँ-तूँ के दिन तो गुज़रे तै पर रात बेतरह

*

दिल पिरोया तो है तुझ जुल्फ़ में हमने लेकिन
ताब गौहर की न लावेगा ये तार आख़िरकार

*

हम तो क़फ़स[8] में आन के ख़ामोश हो रहे
ऐ हमसफ़ीर, फ़ायदा नाहक के शोर का

*

---

1. नाज़-नख़रे के दौर से, 2. आनन्द, 3. क़ैद की, 4. कहानी, 5. धर्मोपदेशक, 6. विरह की रात, 7. पिंजरे और जाल में क़ैद, 8. पिंजरा।

दोज़ख़ मुझे कुबूल है ऐ मुन्किरो-नकीर[1]
लेकिन नहीं दिमाग़ सवालो-जवाब का

*

ज़बाँ है शुक्र में क़ासिर शिकस्ता-बाली के[2]
कि जिनने दिल से मिटाया ख़लिश रिहाई का

*

खुश हैं शिकस्ता-बाली से[3] हम अपनी इसलिए
परवाज़[4] का तो दिल से ख़लिश दूर हो गया
भटकी फिरे है कब से खुदाया मिरी दुआ
दरवाज़ा क्या क़ुबूल का मामूर[5] हो गया

*

उस मुर्ग़े-नातवाँ[6] की सैयाद[7] कुछ ख़बर है
जो छूट कर कफ़स[8] से गुलज़ार तक न पहुँचा

*

नै[9] बुलबुले-चमन न गुले-नौदमीदा[10] हूँ
मैं मौसमे-बहार में शाख़े-बरीदा[11] हूँ

*

तुम बिन ब-चमन[12] हर-ख़सो-हर-ख़ार[13] परीशाँ
हैरान है नरगिस, गुलो-गुलज़ार परीशाँ

*

यों सूरतो-सीरत से बुत कौन सा ख़ाली है
पर राह मुहब्बत की दोनों से निराली है

*

इस क़दर साद-ओ-पुरकार[14] कहीं देखा है
बेनमूद[15] इतना नमूदार[16] कहीं देखा है

---

1. इंसान के अच्छे और बुरे कर्मों का हिसाब लिखने वाले फ़रिश्ते, 2. ज़बान टूटे पंखों का आभार व्यक्त करने में असमर्थ है, 3. पंख टूटने से पहले, 4. उड़ान, 5. बन्द, 6. कमज़ोर पक्षी, 7. शिकारी, 8. पिंजरा, 9. न., 10. नया खिला फूल, 11. टूटी शाख़, 12. चमन में 13. तिनका और काँटा, 14. सादा और नाज़ नखरेवाला, 15. अप्रत्यक्ष, 16. प्रत्यक्ष।

ख़्वाह[1] काबे में तुझे ख़्वाह मैं बुतख़ाने में
इतना समझूँ कि मेरे यार कहीं देखा है

*

मिट गए वो शोर दिल के, आह तब आई बहार
वरना क्या-क्या हम भी करते शहर, वीराने में धूम

*

बैठा न कोई छाँव, न पाया किसी ने फल
बे-बर्गो-बर[2] नहीं कोई ऐसा शजर[3] कि हम

*

मुझे वज़ए-जहाँ[4] इस रश्क़[5] से महफ़ूज़[6] रखती है
बहार आख़िर है इक पल में, कहाँ फिर गुल, किधर शबनम

*

हुबाबे-लबे-जू[7] हैं ऐ बाग़बाँ, हम
चमन को तिरे कोई दम देखते हैं

*

क्या इस चमन में आन के ले जाएगा कोई
दामन को मेरे सामने गुल झाड़कर चला
आमाल से[8] मैं अपने बहुत बेख़बर चला
आया था आह किसलिए और क्या मैं कर चला

*

मुलायम हो गईं दिल पर बिरह की साइतें कड़ियाँ
पहर कटने लगे उन बिन जिन्हों बिन काटतीं घड़ियाँ
हनोज़[9] आईना गर्द इस ग़म से अपने मुँह को मलता है
ख़ुदा जाने कि क्या-क्या सूरतें इस ख़ाक में गड़ियाँ

*

दिल मत टपक नज़र से कि पाया न जाएगा
जूँ अश्क[10] फिर ज़मीं से उठाया न जाएगा

---

1. चाहे, 2. पत्तों और फल से विहीन, 3. वृक्ष, 4. दुनिया का चलन, 5. ईर्ष्या, 6. सुरक्षित, 7. दरिया के किनारे का बुलबुला, 8. कर्मों से, 9. आज तक, 10. आँसू की भाँति।

रुखसत ऐ बाग़बाँ कि तनिक देख लें चमन
जाते हैं वाँ जहाँ से फिर आया न जाएगा

*

क़ासिदे-अश्क[1] आ के ख़बर कर गया
क़त्ल कोई दिल का नगर कर गया
देखिए वामांदगी[2] अब क्या दिखाए!
काफ़िला यारों का सफ़र कर गया

*

गर्दे-हस्ती ने[3] दिल को दी है शिकस्त
आईना इस गुबार से टूटा

*

बहुत बेजा है रहना सरकशी[4] से बज़्मे-हस्ती में[5]
कि मिस्ले-शमआ रिश्ता उम्र का हर आन है थोड़ा

*

ज़िन्दगी महबूब, क्या-क्या इसमें हैं महबूबियाँ
बेवफ़ाई ने पर इसकी मेट दी सब ख़ूबियाँ
तर्क कर 'सौदा' हुनर को, अब हुनर रखना है ऐब
हो गईं ख़िलकत की नज़रों में हुनर मायूबियाँ[6]

*

फ़िक्रे-मआश[7], इश्के-बुताँ[8], यादे-रफ़्तगाँ[9]
इस ज़िन्दगी में अब कोई क्या-क्या किया करे

*

जिगर उनका है जो तुझको सनम कह याद करते हैं
मियाँ, हम तो मुसलमाँ हैं, ख़ुदा कहते भी डरते हैं
गली में उसकी मत जा बुलहवस[10], आ मान, कहता हूँ
कदम पड़ता नहीं उस कू[11] में, वाँ सर से गुज़रते हैं

---

1. आँसू रूपी पत्र वाहक, 2. थकान, 3. जीवन की धूल ने, 4. अहंकार, उद्दण्डता, 5. जीवन की महफ़िल में, 6. ऐब, 7. रोज़ी-रोटी की फ़िक्र, 8. सुंदरियों से प्रेम, 9. अतीत की स्मृतियाँ, 10. लोलुप, 11. गली।

किसी की मर्ग़[1] पर ऐ दिल न कीजे चश्म तर हरगिज़
बहुत सा रोइए उनको जो इस जीने पे मरते हैं

*

अजज़ो-ग़ुरूर[2] दोनों अपनी ही ज़ात में हैं
हम अबद[3] से जुदा कब माबूद[4] जानते हैं

*

किसकी मिल्लत में गिनूँ आपको बतला ऐ शैख़
तू मुझे गब्र[5] कहे, गब्र मुसलमाँ मुझको

*

बे-तसन्ना[6] तुझे कहता हूँ, यक़ीं कर 'सौदा'
गुल जुदा शाख़ से जिस दम कि हुआ, मुरझाया

*

मुझ अश्क में जूँ-अब्र[7] असर होवेगा या रब
क़तरा कभी मेरा भी गुहर होवेगा या रब

*

कोह का प्यारे उठाना ज़ोर मर्दों का नहीं
जो उठावे मुझ सा दिल, समझें उसे मरदाना हम
दोस्ती का ग़ैर की क्या दख़्ल इस दिल में कि दोस्त
आशनाई में तिरी हैं आपसे[8] बेगाना हम

*

आवारगी से ख़ुश हूँ मैं अपनी कि बादे-मर्ग़
हर ज़र्रा मेरी ख़ाक का होवे हवापरस्त

*

जोश से मेरे जुनूँ के क्या ख़ुश आती है बहार
पैरहन[9] में गुल के फूली नहीं समाती है बहार

*

---

1. मौत, 2. विनम्रता और अहंकार, 3. आराधक, 4. आराध्य, 5. काफ़िर, 6. बिना बनावट के, 7. बादल की भाँति, 8. अपने आप से, 9. लिबास।

असर उन बातों ने तुझमें न किया सुनके जिन्हें
संग से निकले शरर[1], शोला शरर से बाहर

*

'सौदा' खुदा के वास्ते कर किस्सा मुख़्तसर[2]
अपनी तो नींद उड़ गई तेरे फ़साने से

*

हाय किस साक़ी ने पटका इस तरह मीना-ए-दिल[3]
हो जहाँ रेज़ा न उसका, कोई मैख़ाना नहीं
सुन के नासेह का सुख़न मजनूँ ने 'सौदा' यूँ कहा
ऐसे अहमक़ से मुख़ातिब हूँ, मैं दीवाना नहीं

*

दिलदार[4] उसको ख़्वाह दिल-आज़ार[5], कुछ कहो
सुनता नहीं किसू की मिरा यार, कुछ कहो
हर आन आ मुझी को सताते हो नासिहो
समझा के तुम उसे भी तो यक बार कुछ कहो

*

ज़बाँ दहन में[6] तो गुंचे के[7] भी है, पै क्या लाज़िम
कि जिसके मुँह में ज़बाँ हो, सुख़नवरी जाने[8]

*

कहता है आईना कि समझ तरबियत[9] की क़द्र
जिनने किया है संग[10] को हमरंग आब[11] का

*

मुख़ातिब उसको ही करते हैं अरबाबे-सुख़न[12] 'सौदा'
कि जिसमें कुछ भी अक़्लो-होश का आसार हो पैदा

*

1. चिंगारी, 2. संक्षिप्त, 3. दिल की सुराही, 4. दिल खुश करनेवाला, 5. दिल को दुःख देनेवाला, 6. मुँह में, 7. कली के, 8. अच्छी कह भी सके, 9. प्रशिक्षण, 10. पत्थर, 11. पानी, 12. कविगण।

इख़्तलाते-अहूले-आबादी से[1] दिल आया है तंग
ऐ ख़ुशा-वक़्ते कि[2] तन्हा हम थे और वीराना था

*

इस दौर में गई है मुरव्वत की आँख फूट
मादूम[3] है जहान से चश्मे-हया परस्त[4]

*

आँखें तो ऐसी ख़ल्क न होई न होएँगी
पर चाहिए कि उनमें मुरव्वत हो, सो नहीं

*

ख़ुदा दुश्मनों को न वो दिन दिखावे
जो कुछ दोस्त अपने से हम देखते हैं

---

1. बस्तीवालों के हस्तक्षेप से, 2. अच्छा वक़्त था कि, 3. ग़ायब, 4. जिस आँख में हया हो।

बहादुर शाह 'ज़फ़र' (सन् 1775-1862 ई.)

नाम अबू ज़फ़र था, शायरी में 'ज़फ़र' तख़ल्लुस किया। बादशाह शाह आलम के पौत्र और अकबर शाह द्वितीय के पुत्र थे। दिल्ली के हुक्मरानों के परिवार में जन्म ले कर भी जीवन पर्यन्त स्वाधीनता और सम्मान के सुख से वंचित रहे। सन् 1837 ई. में जब गद्दीनशीन हुए तो 62 वर्ष के थे। सत्ता की बागडोर अंग्रेज़ों के हाथ में थी और देश में राजनैतिक उथल-पुथल और अराजकता का बोलबाला था। कहने को बादशाह थे मगर रुतबा एक पेंशन याफ़्ता रईस से ज़्यादा नहीं था। यह नाम की बादशाहत भी सन् 1857 ई. में ख़त्म हो गई जब अंग्रेज़ों ने इन्हें क़ैद कर के रंगून भेज दिया। पाँच साल बाद वहीं नज़रबंदी में 'ज़फ़र' अल्लाह को प्यारे हुए।

ज़फ़र को शायरी का शौक था। आपकी काव्य-चेतना प्रखर थी और सौन्दर्यबोध संवेदनापूर्ण। लालकिले की टकसाली उर्दू में महारत हासिल थी। शुरू में शाह नसीर से इस्लाह लेते रहे। परिणामस्वरूप ख़ारिजी शायरी का सतहीपन और दिखावा आपके अंदाज़े-बयाँ पर हावी हो गया। मुश्किल ज़मीनों, लम्बी बह्रों और अजीब-अजीब काफ़ियों में ग़ज़लें कहीं जिनमें सहज अनुभूति और स्वतः स्फूर्त अभिव्यक्ति का सर्वथा अभाव है। वहाँ एक आभूषणों से सज्जित शरीर तो है किन्तु आत्मा नहीं, जीवन नहीं। बाद में 'ज़ौक' के शागिर्द हुए। 'ज़फ़र' का वो कलाम नाकाबिले फ़रामोश है जहाँ उनके जीवन की त्रासदी और करुणा बिना किसी छिपाव-दुराव के सीधी सरल भाषा में बह निकली है। यद्यपि आप के यहाँ दार्शनिक दृष्टि का अभाव है लेकिन जहाँ व्यक्तिगत पीड़ा, व्यक्ति की पीड़ा और भाग्य की विडम्बना बन कर उभरी है, आपकी वो ग़ज़लें उर्दू पढ़ने वाले हमेशा याद रखेंगे। वहाँ भावों की कोमलता, भाषा की सरसता और अभिव्यक्ति की सौन्दर्य—सभी कुछ है। दुर्भाग्य से आपके विशद दीवान में ऐसे शे'रों की संख्या बहुत कम है।

न किसी की आँख का नूर हूँ, न किसी के दिल का क़रार हूँ
जो किसी के काम न आ सके, मैं वो एक मुश्ते-ग़ुबार[1] हूँ
न तो मैं किसी का हबीब[2] हूँ न तो मैं किसी का रक़ीब[3] हूँ
जो बिगड़ गया वो नसीब हूँ, जो उजड़ गया वो दयार[4] हूँ
मेरा रंग-रूप बिगड़ गया, मेरा यार मुझ से बिछड़ गया
जो चमन ख़िज़ाँ से उजड़ गया, मैं उसी की फ़सले-बहार हूँ
पये-फ़ातिहा कोई आए क्यों, कोई चार फूल चढ़ाए क्यों
कोई आ के शम्अ जलाए क्यों, मैं वो बेकसी का मज़ार हूँ

*

लगता नहीं है दिल मेरा उजड़े दयार में
किसकी बनी है आलमे-नापायेदार[5] में
कह दो इन हसरतों से कहीं और जा बसें
इतनी जगह कहाँ है दिले-दाग़दार में
उम्रे-दराज़[6] माँग के लाए थे चार दिन
दो आरज़ू में कट गए, दो इंतज़ार में
कितना है बदनसीब 'ज़फ़र' दफ़्न के लिए
दो गज़ ज़मीन भी न मिली कूए-यार में

*

क्या जानें बनी क़ैस[7] पे क्या दश्ते-जुनूँ[8] में
जो ख़ाक-ब-सर एक बगोला नज़र आया

*

तुझे भी ख़बर है कि ओ ग़ैरते-गुल[9]
कोई हो गया ग़म में घुल-घुल के काँटा

*

1. मुट्ठी भर धूल, 2. दोस्त, 3. प्रतिद्वन्द्वी, 4. संसार, 5. नश्वर संसार, 6. लम्बी-उम्र, 7. मजनूँ, 8. उन्माद का जंगल, 9. अपने रूप से फूलों को लज्जित करनेवाले।

है इश्क़ की मंजिल में ये हाल अपना कि जैसे
लुट जाए कहीं राह में सामान किसी का

*

इश्क़ ने जिन को किया ख़ातिर-गिरिफ़्ता उनका दिल
लाख होवे गरचे सामाने-तरब[1], खुलता नहीं

*

जो हो इश्क़ रहबर तो फिर कोई रस्ता
न जंगल में भूले न बस्ती में भूले

*

नहीं हक़परस्ती[2] से कम बुतपरस्ती[3]
अगर इश्क़ को दीनो-ईमान समझो

*

न रहते इश्क़ के चर्चे, न पड़तीं हुस्न की धूमें
जहाँ में पैदा होते गर, न हम जैसे न तुम जैसे

*

इश्क़ है या बला कि इसमें 'ज़फ़र'
एक आलम को मुब्तिला देखा

*

बुतों ने न की आशनाई की बातें
कहीं और सारी खुदाई की बातें

*

थक के हम राहे-मुहब्बत में जहाँ बैठे हैं
और वहाँ हम से बहुत राहे-रवाँ बैठे हैं

*

जो न होना था हुआ हम पर तुम्हारे इश्क़ में
तुमने इतना भी न पूछा, क्या हुआ, क्योंकर हुआ

*

---

1. भोग, ऐश्वर्य, 2. ईश्वर की उपासना, 3. मूर्ति पूजा।

आशना हो तो आशना समझे
हो जो नाआशना तो क्या समझे

*

न करे कोई दुश्मनी ज़ालिम
दोस्ती तूने मुझसे ऐसी की

*

हुआ न सुर्ख़ पर चेहरे का रंग ज़र्द मेरे
तुम्हारे इश्क़ में अपना है एक-सा मौसम

*

दिल ही से पूछो इश्क़ में जो दिल पे बन गई
बिस्मिल[1] ही जानता है जो बिस्मल पे बन गई

*

ये सोज़े-इश्क़ से जो क़ालिबे-बशर[2] में चराग़
किया है इश्क़ ने रौशन अँधेरे घर में चराग़
फ़रोग़े-अक्ल हो क्या नूरे-इश्क़ के आगे
बहुत हक़ीर[3] है ख़ुरशीद[4] की नज़र में चराग़

*

इश्क़ का आज़ार[5] सेहत से है बेहतर ऐ तबीब[6]
जो रहे उस शोख़ के बीमारे-ग़म, अच्छे रहे

*

इश्क़ का कब बोझ उठता है फ़रिश्तों से 'ज़फ़र'
है उठाने वाले इस बारे-अलम के आदमी

*

देख कर उस बुते-काफ़िर के सितम
ऐ 'ज़फ़र' मुझ को खुदा याद आया

*

1. घायल, 2. मानव-देह, 3. तुच्छ, 4. सूर्य, 5. दुःख, यंत्रणा, 6. वैद्य।

मेरे उनके मुआमले बाहम[1]
क्या कहूँ कुछ अजीब रहते हैं
हों वो तन्हा तू कुछ कहूँ मैं ज़फ़र'
साथ उनके रक़ीब रहते हैं

*

'ज़फ़र' जहाँ में करूँ किसको राज़दार अपना
कि इश्क़ में नहीं अपना भी ऐतबार मुझे

*

इश्क़ का कब बोझ उठता है फ़रिश्तों से 'ज़फ़र'
हैं उठाने वाले इस बारे-अलम के आदमी

*

बात करनी मुझे मुश्किल कभी ऐसी तो न थी
जैसी अब है तेरी महफ़िल कभी ऐसी तो न थी
ले गया छीन के कौन आज तेरा सब्रो-क़रार
बेक़रारी तुझे ऐ दिल कभी ऐसी तो न थी

*

किसी ने उस को समझाया तो होता
कोई याँ तक उसे लाया तो होता
न भेजा लिखके तूने एक परचा
हमारे दिल को परचाया तो होता
जो कुछ होता सो होता तूने तक़दीर !
वहाँ तक मुझ को पहुँचाया तो होता

*

हमारी चश्म रही अश्कबार बरसों तक
बरसते दीखा न अब्रे-बहार बरसों तक
मिला है ख़ाक में आख़िर उड़ा-उड़ा के ख़ाक
तेरी गली में तेरा ख़ाकसार बरसों तक

*

1. परस्पर।

जिसके मिलने की तमन्ना थी, न पाया उसको
हो गई उम्र बसर जान को खोते-खोते

*

जो सोज़े-इश्क़ है दिल में तो दाग़ जलता है
ये घर उसी का है जिसका चिराग़ जलता है

*

सब्र मुश्किल है न कर सब्र का दावा हरगिज़
इश्क़ में तुझ से 'ज़फ़र', ये कभी होने का नहीं

*

कूचे में तेरे तन्हा हर शब मुझे हो जाना
दो चार घड़ी अपना दिल खोल के रो जाना

*

ख़्वाह वो दाग़े-जुनूँ हो, ख़्वाह कोई अश्के-ख़ूँ
हमने सर आँखों पे रक्खा, इश्क़ तूने जो दिया

*

पहले तो दिल में मुहब्बत का शजर[1] पैदा हुआ
फिर लगे हसरत के गुल[2], ग़म का समर[3] पैदा हुआ

*

जो उसकी जान पे गुज़रे है वो ही जाने है
खुदा किसी को जहाँ में किसी के बस न करे

*

धुआँ आग से, आग पत्थर से निकले
मुहब्बत का सब में असर देखते हैं

*

घुटा इतना मेरा दिल कि धुआँ है
कि नीचे आस्माँ के आस्माँ है

---

1. वृक्ष, 2. फूल, 3. फल।

'ज़फ़र' इसमें समझ कर पाँव रखना
मुहब्बत एक बहरे-बेकराँ[1] है

*

कर चुके तुम नसीहतें हम को
जाओ बस नासेहो खुदा हाफ़िज़

*

उफ़! मेरे मज़मूने-सोज़े-दिल में भी क्या आग है
ख़त जो क़ासिद उसको मैंने लिख के भेजा जल गया

*

क़सम खुदा की तुझे क़ासिदा कि ये पैग़ाम
कहा है यार ने या तूने अपने जी से कहा

*

समझाया तूने हमको तो, सौ तरह नासेहा
लेकिन हमारा दिल नहीं समझा किसी तरह

*

हर किसी से राज़े-दिल कह बैठना अच्छा नहीं
ऐ 'ज़फ़र' दुनिया में हैं कम लोग अब अच्छे रहे

*

हक़ीक़त को हमारे इश्क़ की पहुँचे तो क्या पहुँचे
कि वां तक नासेहों की अक़्ले-दीवानी नहीं जाती

*

ऐ दिले-बेताब! मैं क्या ख़ाक समझाऊँ तुझे
तूने दीवाने कभी मेरा कहा माना भी है

*

न क्यों कर कब्र पे मजनूँ की पहले फ़ातिहा पढ़ लूँ
कि हम भी अज़्मे-रफ़्तन जानिबे-वीराना[2] रखते हैं

*

---

1. अथाह सागर, 2.. जंगल की ओर जाने का इरादा।

मेरी आँख बंद थी जब तलक वो नज़र में नूरे-जमाल था
खुली आँख तो न ख़बर रही, कि वो ख़्वाब था कि ख़्याल था
मेरे दिल में था कि कहूँगा मैं जो ये दिल पे रंजोमलाल है
वो जब आ गया मेरे सामने, न तो रंज था, न मलाल था

*

आज वस्ले-यार की तदबीर हमने की तो है
हो न हो पर कोशिशे-तक़दीर हमने की तो है
ज़ोर पर आया है जब सौदा-ए-ज़ुल्फ़े-पुरशिकन[1]
टुकड़े-टुकड़े जोड़ कर ज़ंजीर हमने की तो है
गर न हो उस शोख़ संगे-दिल के दिल पे कुछ असर
पर 'ज़फ़र' इक आहे-बे-तासीर हम ने की तो है

*

नसीब अच्छे अगर बुलबुल के होते
तो क्या पहलू में काँटे गुल के होते

*

शम्अ सा गो कि सरापा हो ज़ुबाँ तुम लेकिन
देखता हूँ 'ज़फ़र' इस बज़्म में ख़ामोश तुम्हें

*

वो कारवाँ कि जो मंज़िल पे अपनी जा पहुँचा
उसी के पीछे रवाँ सूरते-ग़ुबार[2] हूँ मैं

*

यह आस्माँ ग़ुलाम है किस महजमाल[3] का
पहने फिरे है कान में बाला हिलाल[4] का

*

हुस्ने-जमाले-यार 'ज़फ़र' जब रात को बज़्म अफ़रोज़[5] हुआ
शम्अ रुख़े-पुरनूर[6] पे उसके, माह[7] भी इक परवाना था

*

1. घुँघराली लटों का उन्माद, 2. उड़ती हुई धूल की भाँति, 3. चन्द्रमुखी, 4. दूज का चाँद, 5. महफिल में आया, 6. दमकता चेहरा, 7. चाँद।

झुकी हुई है गुलिस्तां में आँख नरगिस की
'ज़फ़र' वो कौन है जिससे उसे हिजाब[1] आया

*

कली जो लाला-ए-अहमर[2] की मुस्कराई आज
हँसी चमन में मुझे तेरी याद आई आज

*

क्या बात याद आ गई उसको कि ऐ 'ज़फ़र'
वो यक़-ब-यक़ जो सुन के मेरा नाम हँस पड़ा

*

लगाओ अपनी आँखों में न काजल पढ़ के तुम अफ़्सूँ[3]
उन्हें दरकार क्या जादू कि वो तो आप जादू हैं

*

ज़ेरे-महराबे-ख़मे-अब्रू[4] है चश्मे-मस्त यार
क्या तमाशा है कि इस मस्जिद में मैख़ाना भी है

*

न दरवेशों का ख़िरका[5] चाहिए न ताजे-सुलताना
मुझे तो होश दे इतना रहूँ मैं तुझ पै दीवाना
न देखा वो कहीं जलवा जो देखा ख़ाना-ए-दिल में
बहुत मस्जिद में सर मारा, बहुत सा ढूँढ़ा बुतख़ाना
ये सारी आमदो-शुद[6] है नफ़स[7] की आमदो-शुद पर
उसी तक आना-जाना है न फिर आना न फिर जाना

*

तेरा हुस्न हम जलवागर देखते हैं
जहाँ देखते हैं जिधर देखते हैं
करें क्यों न दिल की हम पासदारी[8]
कि हर दिल में हम तेरा घर देखते हैं

*

---

1. लज्जा, 2. लाल रंग का फूल, 3. जादू, 4. भवों की मेहराब, 5. फ़कीर का लिबास, 6. आना-जाना, 7. साँस, 8. रक्षा,

क्योंकि हम दुनिया में आए, कुछ सबब खुलता नहीं
इक सबब क्या, भेद वाँ का, सब का सब खुलता नहीं

*

उसे बुतक़दा क़ाबा है, कुफ्र ईमाँ
ख़ुदा को जो न बुतपरस्ती में भूले
फिरे मयकदा से चले ख़ानकाह[1] को
'ज़फ़र' राह मैकश जो मस्ती में भूले

*

क्या कहूँ बुतक़दे में क्या देखा
जलवा-ए-कुदरते-ख़ुदा देखा

*

थे कल जो अपने घर में मेहमान वो कहाँ हैं
जो खो गए हैं यारब औसान[2] वो कहाँ हैं
कुछ और ढब के अब तो हम लोग देखते हैं
पहले जो ऐ 'ज़फ़र' थे इन्सान वो कहाँ हैं

*

बुतों से मिलते हो झुक-झुक के क्यों 'ज़फ़र' इतना
ये क्या ख़ुदा से तुम्हें, मेहरबाँ मिला देंगे

*

समझता बुतपरस्ती, कुफ़्र, नादानी इसी में है
कि है ये ऐन ईमाँ और मुसलमानी इसी में है

*

न हम कुछ हँस के सीखे हैं, न हम कुछ रो के सीखे हैं
जो कुछ थोड़ा सा सीखे हैं, किसी के हो के सीखे हैं

*

खुली है चश्मे-हक़ीकत[3] जिन्हों की मिस्ले-हुबाब[4]
वो बाँधते नहीं तकिया[5] जहाने-फ़ानी[6] पर

*

1. साधु सन्तों का आश्रय स्थल, 2. बुत, 3. सच को पहचानने वाली आँख, 4. बुलबुले की तरह, 5. भरोसा, 6. नश्वर संसार।

जब तलक दम है साथ हैं हमदम
हमदमी सब की बस यहीं तक है

*

न पहुँचा, तू न पहुँचा तालिबे-दीदार तक अपने
तेरी तकते ही तकते राह वक़्ते-वापसीं पहुँचा

*

फ़र्शे-मख़मल पर भी मुश्किल से जिन्हें आता था ख़्वाब
ख़ाक पर सोते हैं अब वो पाँव फैलाये हुए
गुंचे कहते हैं कि होगा देखिए क्या अपना रंग
जब चमन में देखते हैं फूल कुम्हलाए हुए
ग़ाफ़िलो ! इस अपनी हस्ती पर कि है नक़्शे-ब-आब[1]
मौज[2] की मानिंद क्यों फिरते हो बल खाए हुए

*

'ज़फ़र' दुनिया-ए-फ़ानी ख़्वाब का सा एक आलम है
मगर इस ख़्वाब में देखा कुछ ऐसा है कि क्या कहिए

*

देखते हैं अपने दिल में जो तमाशा-ए-जहाँ
होते हैं मोहताज कब वो जामे-जम[3] के आदमी

*

उसको इन्साँ मत समझ हो सरकशी जिसमें 'ज़फ़र'
ख़ाकसारी के लिए है ख़ाक से इन्साँ बना

*

ले कर गया न यां से कोई मुल्क और माल
रहती है यां की दौलतो-हशमत[4] यहीं तलक

*

पहुँचा के गोर[5] तक मुझे फिर जाएँगे रफ़ीक[6]
ऐ बेख़बर ! है इनकी रफ़ाक़त यहीं तलक

*

---

1. पानी पर चित्रित, 2. लहर, 3. जमशेद का मदिरा पात्र जिसमें सारी दुनिया नज़र आती थी, 4. धन-वैभव, 5. कब्र, 6. मित्र।

लबे-शीरीं से है तेरी हलावत[1] ज़िन्दगानी की
कलामे-तल्ख़[2] लेकिन तल्ख़ कर देता है जीने को

*

न थी हाल की जब हमें अपनी ख़बर, रहे देखते औरों के ऐबो-हुनर
पड़ी अपनी बुराइयों पर जो नज़र, तो निगाह में कोई बुरा न रहा
'ज़फ़र' आदमी उसको न जानिएगा वो हो कैसा ही साहबे-फ़हमोज़ का
जिसे ऐश में यादे-खुदा न रही, जिसे तैश में ख़ौफ़े-ख़ुदा न रहा

*

जो एक ऐब हो तो देखें हज़ार ग़ौर से यार
सितम है लाख हुनर, पर नज़र किसी की न हो

*

उसे पाना नहीं आसाँ कि हमने
न जब तक आप को खोया, न पाया

*

'ज़फ़र' तो आ गए है इस क़दर काबू में ग़ैरों के
नहीं क़ाबू पे चढ़ते, ढूँढ़ते हम अपना क़ाबू हैं

*

फिरे है पारा-ए-दिल[3], दीदा-ए-पुरआब[4] में यूँ
जला के छोड़ दे जैसे कोई भँवर में चराग़

*

दहन-ए-ज़ख़्म[5] गर ज़ुबाँ रखता
सिफ़त[6] उस तीर की कही जाती

*

ख़ाक आख़िर होंगे सब, पर पहले ही जो ख़ाकसार
हो गए उस यार के ख़ाके-क़दम, अच्छे रहे

*

1. मिठास 2. कड़वी बात, 3. दिल का टुकड़ा, 4. अश्रुपूर्ण आँख, 5. जख़्म का मुँह, 6. तारीफ।

कहूँ किस से बेमेहरियाँ इस फ़लक[1] की
कि सब उठ गए मेहरबाँ अच्छे-अच्छे

*

दिल को करते हैं बुताँ[2] थोड़े से मतलब से ख़राब
ईंट के वास्ते मस्जिद हैं ये ढाने वाले

*

जलाया आप हमने ज़ब्त कर-कर आहे-सोज़ां को
जिगर को, सीना को, पहलू को, दिल को, जिस्म को, जाँ को
न हो जब तू ही ऐ साक़ी, भला फिर क्या करे कोई
हवा को, अब्र को, गुल को, चमन को, सहन-ए-बस्तां को

*

तबीअत है जवाँ पीरी में भी वो, ऐ 'ज़फ़र' तेरी
सुख़नफ़हमी[3], सुख़नसंजी, सुख़नदानी नहीं जाती

*

जो देखता हूँ दीदा-ए-बेदार[4] ही से मैं
क़ायल न ख़्वाब का हूँ न ताबीरे-ख़्वाब का

*

ऐ 'ज़फ़र' है देख खटका बाग़बाँ का किस क़दर
बाग़ में बुलबुल की आज आवाज़ भी आती नहीं

*

किया है बेअदब ख़ालिक ने पैदा ऐ 'ज़फ़र' जिनको
करे क्या फ़ायदा उनको अदब देना अदीबों का

*

कारवाने-उम्र जाता है किधर, पाएँ कहाँ
गर्द भी उसकी सरे-राहे-सफ़र उड़ती नहीं

*

---

1. आसमान, 2. सुन्दरियाँ, 3. काव्य मर्मज्ञता, परख, 4. जागती हुई आँख।

आज तक मालूम ये मुझको नहीं क्या चीज़ हूँ
कौन हूँ, क्या शय हूँ मैं, नाचीज़ हूँ या चीज़ हूँ

*

'ज़फ़र' उसकी राहे-मुहब्बत में हम
फ़कत अपने दिल के सहारे चले

*

कितने ही बन के शहर के और गाँव के निशान
यूँ मिट गए ज़मीन पे ज्यूँ पाँव के निशाँ

शेख़ इब्राहीम 'ज़ौक' (सन् 1789-1854 ई.)

'ज़ौक' के पिता शेख़ रमज़ान फ़ौज में सिपाही थे। 'ज़ौक' की प्रारंभिक शिक्षा हाफ़िज़ गुलाम रसूल के यहाँ हुई। औपचारिक शिक्षा की कमी को 'ज़ौक' ने अपने शौक, परिश्रम और अभ्यास से पूरा किया। साहित्य के अतिरिक्त आपने संगीत, इतिहास, ज्योतिष, तर्कशास्त्र और यूनानी चिकित्सा पद्धति का गहन अध्ययन किया। स्वाध्याय का उजाला आपकी रचनाओं को प्रभासित करता महसूस किया जा सकता है। आप स्वभाव से सादा, गंभीर और संतोषी प्रकृति के थे, पाँचों वक़्त नमाज़ पढ़ते थे, मगर धार्मिक कट्टरता से मुक्त थे। 'ज़ौक' ने बहुत लिखा लेकिन आपकी अधिकांश रचनाएँ 1857 ई. की क्रांति में नष्ट हो गईं। आपके प्रिय शिष्य मौलाना मुहम्मद्र हुसैन 'आज़ाद' ने बड़ी खोज के बाद आपका एक दीवान तैयार करवा कर गुरुभक्ति का एक अनुकरणीय उदाहरण स्थापित किया।

'ज़ौक' उस्ताद शायर थे। बहादुर शाह 'ज़फ़र' के आप काव्य-गुरु थे। अपने जीवनकाल में 'ज़ौक' को असाधारण प्रसिद्धि प्राप्त हुई। हालाँकि 'ज़फ़र' का गुरु होने के बावजूद 'ज़ौक' आर्थिक विपन्नता से उबर नहीं पाए लेकिन उस वक्त शायरी में उन्हें जो मक़ाम और सम्मान हासिल था वह 'मीर', 'मोमिन' और 'ग़ालिब' को भी मयस्सर नहीं था। शाही दरबार में रसाई से प्रतिष्ठा और लोकप्रियता तो पाई किन्तु राज्य-प्रश्रय की क़ीमत भी चुकाई। यह तथ्य उनकी शायरी के मूल्यांकन के संदर्भ में विचारणीय है।

'ज़ौक' का वर्णन सौन्दर्य असाधारण है। शब्द चयन, वाक्य-विन्यास, मुहावरों का प्रयोग और गागर में सागर भरने की क्षमता आपकी शायरी को एक अलग पहचान देती है। कठिन से कठिन रदीफ़-क़ाफ़िये को बड़ी सादगी, सफ़ाई और कौशल से निभा लेते हैं। अनेक अशआरों में मन की सरलता और अध्यात्म की उजास है। सामान्यतः काव्य-धरातल और विषय चयन परम्परागत है।

लायी हयात आए कज़ा ले चली, चले
अपनी ख़ुशी न आये न अपनी ख़ुशी चले
बेहतर तो है यही कि न दुनिया से दिल लगे
पर क्या करें जो काम न बे दिल-लगी चले
कम होंगे इस बिसात पे हम जैसे बद-किमार[1]
जो चाल हम चले सो निहायत बुरी चले
हो उम्रे-ख़िज़्र[2] भी तो कहेंगे ब-वक्ते-मर्ग[3]
हम क्या रहे यहाँ अभी आए अभी चले
दुनिया ने किसका राहे-फ़ना में दिया है साथ
तुम भी चले चलो यूँ ही जब तक चली चले
नाज़ाँ न हो ख़िरद[4] पे जो होना है वो ही हो
दानिश[5] तेरी न कुछ मेरी दानिशवरी चले
जाते हवा-ए-शौक़[6] में हैं इस चमन से 'ज़ौक'
अपनी बला से बादे-सबा[7] अब कभी चले

*

तदबीर न कर, फ़ायदा तदबीर में क्या है
कुछ ये भी ख़बर है तेरी तक़दीर में क्या है

*

नविश्ते[8] से हुआ इक हर्फ़ भी हरगिज़ न बेशो-कम
जो पेशानी[9] पे था लिक्खा हुआ वो पेश सब आया

*

जब ये दींदार हैं दुनिया की नमाज़ें पढ़ते
काश ! उस वक्त इन्हें नामे-ख़ुदा याद रहे

---

1. कच्चे जुआरी, 2. हज़रत ख़िज़्र जैसी उम्र, 3. मरते समय, 4. बुद्धि, 5. अक्लमंदी, 6. प्रेम की मदिर वायु, 7. सुबह की ठंडी हवा, 8. भाग्य लेखा, 9. मस्तक।

महव[1] इतना भी न हो इश्क़े-बुताँ में ऐ 'ज़ौक'
चाहिए बंदे को हर वक्त ख़ुदा याद रहे

*

गया शैतान मारा एक सिजदे के न करने में
अगर लाखों बरस सिजदे में सर मारा तो क्या मारा

*

आदमीयत और शै है इल्म है कुछ और शै
कितना तोते को पढ़ाया पर वो हैवां ही रहा
दीनो-ईमाँ ढूँढ़ता है 'ज़ौक' क्या इस वक़्त में
अब न कुछ दीं ही रहा बाक़ी न ईमाँ ही रहा

*

जहाँ में अरसा इशरत से सिवा दहचंद[2] है ग़म का
अगर है ईद का इक दिन तो अशरा[3] है मुहर्रम का

*

ग़ाफ़िल ! है बहारे-चमने-उम्र[4] जवानी
कर सैर कि मौसम ये दोबारा नहीं आता

*

ख़ुरशीद बार[5] चर्ख़[6] पे चमका कोई तो क्या
आख़िर को फिर जो देखा तो ज़ेरे-ज़मीं[7] गया

*

जो ख़ाना-ए-हस्ती में है इन्सां के लिए है
आरास्ता[8] ये घर इसी मेहमां के लिए है

*

दम को नहीं है सीने में आराम एकदम
ये वो ग़रीब है कि मुसाफ़िर बदन में है

*

1. आत्म-विस्मृत, 2. दस गुना 3. दस दिन, 4. उम्र का बसंत, 5. सूरज की तरह, 6. आकाश, 7. ज़मीन के नीचे, 8. सजा हुआ।

अब तो घबरा के ये कहते हैं कि मर जाएँगे
मर गए पर न लगा जी तो किधर जाएँगे
हम नहीं वो जो करें ख़ून का दावा तुझ पर
बल्कि पूछेगा खुदा भी तो मुकर जाएँगे

*

चश्मे-क़ातिल हमें क्योंकर न भला याद रहे
मौत इंसान को लाज़िम है सदा याद रहे

*

फ़ुरकत से तिरी तारे-नफ़स सीने में मेरे
काँटा सा खटकता है निकल जाए तो अच्छा
दिल गिर के नज़र से तेरी उठने का नहीं फिर
ये गिरने से पहले ही सँभल जाए तो अच्छा

*

मज़कूर तेरी बज़्म में किसका नहीं आता
पर ज़िक्र हमारा नहीं आता, नहीं आता
हम रोने पे आ जायें तो दरिया ही बहा दें
शबनम की तरह से हमें रोना नहीं आता

*

हर इक से है क़ौल आशनाई का झूठा
वो काफ़िर है सारी खुदाई का झूठा
खुदा जाने है 'ज़ौक़' झूठा कि सच्चा
मगर वो नहीं आशनाई का झूठा

*

आग है दिल में, दर्द जिगर में, आँख में आँसू, लब पे फ़ुगाँ
इश्क ने उसके 'ज़ौक़' हमारा देख लो है ये हाल किया

*

आना तो ख़फ़ा आना, जाना तो रुला जाना
आना है तो क्या आना, जाना है तो क्या जाना

*

बाद रंजिश के गले मिलते हुए रुकता है जी
अब मुनासिब है यही कुछ मैं बढ़ूँ, कुछ तू बढ़े

*

वक़्ते-पीरी शबाब की बातें
ऐसी हैं जैसी ख़्वाब की बातें
उस के घर ले चला मुझे देखो
दिले-ख़ाना-ख़राब की बातें
देख ऐ दिल न छेड़ किस्सा-ए-ज़ुल्फ़
कि ये हैं पेचो-ताब की बातें

*

कहूँ मैं अपनी कहानी तो वो ये कहते हैं
बग़ैर झूठ नहीं और कुछ कहानी में

*

वो दिन है कौन सा कि सितम पर सितम नहीं
गर ये सितम हैं रोज़ तो इक रोज़ हम नहीं

*

वो देखें बज़्म में पहले किधर को देखते हैं
मुहब्बत! आज तेरे हम असर को देखते हैं

*

मरते हैं तेरे प्यार में हम और ज़ियादा
तू लुत्फ़ में करता है सितम और ज़ियादा
क्यों मैंने कहा तुझ सा ख़ुदाई में नहीं और
मग़रूर हुआ अब तो सनम और ज़ियादा

*

है उनकी सादगी भी तो किस-किस फबन के साथ
सीधी सी बात भी है तो इक बाँकपन के साथ

*

वास्ते नज़्ज़ारा-ए-क़ातिल के फ़ुरसत चाहिए
और यहाँ फ़ुरसत कहाँ जो कीजे फ़ुरसत की तलब

*

क्या तबअ[1] में ज़ूदत[2] है, चट दिल की उड़ा जाना
होंठों का यहाँ हिलना, वाँ बात का पा जाना

*

मालूम जो होता हमें अंजामे-मुहब्बत
लेते न कभी भूल के हम नामे-मुहब्बत

*

क्या आए तुम जो आए घड़ी दो घड़ी के बाद
सीने में साँस होगी अड़ी दो घड़ी के बाद

*

कल गए थे तुम जिसे बीमारे-हिजराँ छोड़कर
चल बसा वो आज सब हस्ती का सामाँ छोड़कर

*

वाँ से याँ आए थे ऐ 'ज़ौक़' तो क्या लाए थे
याँ से तो जाएँगे हम लाख तमन्ना लेकर

*

देता है दौरे-चर्ख़[3] किसे फ़ुरसते-नशात
हो जिसके पास जाम वो अब जम[4] से कम नहीं

*

इस गुलिस्ताने-जहाँ में क्या गुले-इशरत नहीं
सैर के क़ाबिल है ये पर सैर की फ़ुरसत नहीं

*

हुए इंसान हम दर्दे-मुहब्बत के लिए पैदा
फ़रिश्ते होते गर, होते इबादत के लिए पैदा

*

इस तपिश का है मज़ा, दिल को ही हासिल होता
काश, मैं इश्क़ में सर-ता-ब-क़दम[5] दिल होता

*

---

1. तबीअत, 2. तेज़ी, 3. आसमान की गर्दिश, 4. जमशेद बादशाह जिसके जाम में सारी दुनिया नज़र आती थी, 5. सर से पाँव तक।

इश्क़ के ढब पे न कोई बजुज़[1] इंसान चढ़ा
इसके काबू पे चढा तो यही नादान चढ़ा

*

न करता ज़ब्त मैं नाला[2] तो फिर ऐसा धुआँ होता
कि नीचे आसमां के और नया इक आसमां होता

*

दुनिया गई कि इश्क में ईमानो-दीं गया
वो मिल गया तो जानिए कुछ भी नहीं गया

*

बनाया इसलिए इस ख़ाक के पुतले को था इंसाँ
कि इसको दर्द का पुतला बनाएँ सर से पाँवों तक

*

नासाज़[3] है जो हम से उसी से ये साज़ है[4]
क्या ख़ूब दिल है वाह हमें जिस पे नाज़ है

*

वो दिल कि जिसमें सोज़े-मुहब्बत न होवे 'ज़ौक़'
बेहतर है उससे संग[5] कि उसमें शरर[6] तो है

*

दिल को रफ़ीक[7] इश्क में अपना समझ न 'ज़ौक़'
टल जाएगा ये अपनी बला तुझ पे टाल के

*

हिकायत दिल की कहता हूँ समझते हो शिकायत है
तुम्हीं समझो ज़रा दिल में कि समझे भी तो क्या समझे

*

कल जहाँ से कि उठा लाए थे अहबाब मुझे
ले चला आज वहीं फिर दिले-बेताब मुझे

*

---

1. सिवा, 2. फ़रियाद, 3. दुश्मन, 4. मेल-मिलाप है, 5. पत्थर 6. चिंगारी, 7. दोस्त।

देख उस चश्मे-मस्त की शोख़ी
जब किसी पारसा से लड़ती है

*

है वस्ल में ग़म हिज्र का और हिज्र बला है
आराम मुहब्बत में हमें यूँ है न यूँ है

*

निगाह का वार था दिल पर फड़कने जान लगी
चली थी बरछी किसी पर किसी को आन लगी

*

ऐ 'ज़ौक़' किसको चश्मे-हिकारत से देखिए
सब हम से हैं ज़ियादा कोई हम से कम नहीं

*

'ज़ौक़' मुरत्तिब क्योंकि हो दीवाँ शिकवा-ए-फ़ुरसत किससे करें
बांधे गले में हमने अपने आप 'ज़फ़र' के झगड़े हैं

*

क्या ग़रज़ लाख ख़ुदाई में हो दौलत वाले
उनका बन्दा हूँ जो बन्दे हैं मुहब्बत वाले

*

गुज़रती है मज़े से ज़िन्दगी ग़फ़लत-शुआरी में[1]
मेरे नज़दीक बेहोशी है बेहतर होशियारी से

*

ज़ाहिद! शराब पीने से काफ़िर हुआ मैं क्यों
क्या डेढ़ चुल्लू पानी में ईमान बह गया

*

ऐ 'ज़ौक़' देख दुख़्तरे-रिज़[2] को न मुँह लगा
छुटती नहीं है मुँह से ये काफ़िर लगी हुई

*

1. बेसुधी में, 2. मदिरा।

इन दिनों गरचे दकन में है बड़ी क़द्रे-सुख़न
कौन जाए 'ज़ौक़' पर दिल्ली की गलियाँ छोड़कर

*

मुझ सा मुश्ताके-जमाल[1] एक न पाओगे कहीं
गरचे ढूँढोगे चिराग़े-रुख़े-ज़ेबा[2] लेकर

*

दिल के वर्क़ पे सब्त[3] हैं सद-मुहरे-दाग़े-इश्क
हम करते 'ज़ौक़' इश्क का दावा सनद से हैं

*

गुल हाए-रंग-रंग[4] से है ज़ीनते-चमन
ऐ 'ज़ौक' इस जहाँ को है ज़ेब इख़्तलाफ़ से[5]

*

हूँ शम्‌आ या कि शो'ला ख़बर कुछ नहीं मगर
फ़ानूस हो रहा है मेरा पैरहन[6] मुझे

*

आया हूँ नूर लेके मैं बज़्मे-सुख़न में 'ज़ौक़'
आँखों पे सब बिठायेंगे अहले-सुख़न मुझे

*

जो दिल से अपने दमे-आतशीं[7] निकल जाए
फ़लक के पाँव तले से ज़मीं निकल जाए

*

समझ है और तुम्हारी कहूँ मैं तुम से क्या
तुम अपने दिल में ख़ुदा जाने सुनके क्या समझो

*

कोसूँ क्या तंगी-ए-ज़माने को
कि नहीं जा[8] है सर उठाने को

*

---

1. सौन्दर्य प्रेमी 2. सुन्दर चेहरे का दीपक, 3. अंकित, 4. रंग-बिरंगे फूल, 5. विरोध से, 6. लिबास, 7. जलती हुई आह, 8. स्थान।

गुलो, ये कह गई क्या कान में तुम्हारे सबा[1]
कि लोटे जाते हो, फूले नहीं समाते हो

*

तेरा हुस्न वो बुते-महजबीं कि है सदके जिस पे जमां-जमीं[2]
जो दिखाए रुख़ तो हो दिन कहीं जो छुपाए मुँह वहीं रात हो

*

आप आईना-ए-हस्ती में है तू अपना हरीफ़[3]
वर्ना यां कौन था जो तेरे मुक़ाबिल होता

*

क़िस्मत ही से लाचार हूँ ऐ 'ज़ौक़' वगर्ना
सब फ़न में हूँ मैं ताक़[4] मुझे क्या नहीं आता

*

कहे जिसे आलम उसे बजा समझो
ज़बाने-ख़ल्क[5] को नक्कारा-ए-ख़ुदा समझो

*

आख़िर चमन से नकहते-गुल[6] कर गई सफ़र
ख़ानाबदोश को नहीं उल्फ़त वतन के साथ
मुमकिन नहीं है 'ज़ौक़' अलाइक[7] से छूटना
जब तक कि रुह को है तकल्लुफ़ बदन के साथ

*

सुराग़ उम्रे-गुज़िश्ता का ढूँढिए गर 'ज़ौक़'
तमाम उम्र गुज़र जाए जुस्तजू करते

*

कहते हैं आज 'ज़ौक़' जहाँ से गुज़र गया
क्या ख़ूब आदमी था ख़ुदा मग्फ़रत[8] करे

---

1. प्रातःकाल की मधुर समीर, 2. देश-काल, 3. प्रतिद्वन्द्वी, 4. दक्ष, 5. दुनिया वालों की आवाज, 6. फूलों की खुशबू, 7. सांसारिक बंधन, 8. पाप क्षमा करें।

मिर्ज़ा असदुल्ला ख़ाँ 'ग़ालिब' (सन् 1797-1869 ई.)

मिर्ज़ा तूरान के सलज़ूकी बादशाहों के वंशज थे। आपको एक आकर्षक व्यक्तित्व और स्वाभिमान ख़ानदानी विरासत के रूप में मिला। मात्र पाँच वर्ष के थे जब पिता की मृत्यु हो गई। बचपन से ही आर्थिक कठिनाइयों का जो सिलसिला शुरू हुआ वह ज़िन्दगी भर चला। तेरह वर्ष की आयु में विवाह हुआ, आठ बच्चे हुए मगर एक भी जीवित न रहा। संतान का दुःख जीवन भर सालता रहा। यद्यपि 24-25 वर्ष की आयु में ही एक शायर के रूप में चर्चित हो गए थे किन्तु आरम्भ में वहाँ भी अपने विशिष्ट और नए 'अंदाज़े-बयाँ' के चलते विरोधियों की कटु आलोचना और असफलता का सामना करना पड़ा। किन्तु शीघ्र ही पूर्व निश्चित काव्य-धारणाएँ और विषय की सीमाएँ 'ग़ालिब' की असाधारण प्रतिभा के सामने भरभरा कर गिर गईं और उर्दू ग़ज़ल पर एक नया आसमान खुल गया। कल्पना की पैग़म्बरी उड़ान, दार्शनिक गहराई, वैचारिक तल्लीनता, तीव्र अनुभूति, अभिव्यक्ति का विस्तार और इन सब का वहन करने में समर्थ भाषा शैली, अछूती उपमाएँ और रूपक, अद्‌भुत चित्रांकन, शब्दों के नए प्रयोग, नए अर्थ और नई ख़ुशबुएँ लेकर आई ग़ालिब की शायरी। परम्परागत विषयों पर लिखा, तो भी एक नए अंदाज़ में। हुस्न और इश्क की ऐसी कोई कैफ़ियत नहीं जो 'ग़ालिब' के यहाँ मौजूद नहीं। कामनाओं की भीड़, कभी न तृप्त होने वाली तृष्णा, व्याकुलता और भावनात्मक आवेग के साथ उत्कृष्ट सौन्दर्यानुभूति, सुख और दुःख के लहराते सागर और आनंद के साथ व्यथा का स्वीकार हमें 'ग़ालिब' के यहाँ देखने को मिलता है। यहाँ वैयक्तिक और युगीन विवशताएँ हैं तो उनके साथ असाधारण आत्मसम्मान भी, टूटने और बिखरने की पीड़ा है तो नए युग और नव-निर्माण का स्वप्न भी। यहाँ ईश्वर, विश्व और मानव के सम्बन्धों का निरुपण है तो जीवन की संश्लिष्ट वास्तविकता का चित्रण भी, अतीत होती मान्यताओं के प्रति अवसाद है तो गतिमय परिवेश के पार झाँकती आधुनिकता की झलक भी। देश और काल की सीमाओं से स्वतंत्र है 'ग़ालिब' का कलाम, जीवन के 'हर क्षण का कवि' है वह (अली सरदार जाफ़री, 'दीवान-ए-ग़ालिब')।

इश्क़ मुझ को नहीं वहशत ही सही
मेरी वहशत तेरी शोहरत ही सही
क़तअ कीजे न ताअल्लुक हम से
कुछ नहीं है तो अदावत ही सही
हम भी दुश्मन तो नहीं हैं अपने
ग़ैर को तुझ से महब्बत ही सही
हम भी तस्लीम की ख़ू डालेंगे
बेनियाज़ी तेरी आदत ही सही

*

दिल ही तो है न संगो-ख़िश्त[1], दर्द से भर न आए क्यों
रोएंगे हम हज़ार बार, कोई हमें सताए क्यों
दैर[2] नहीं, हरम[3] नहीं, दर नहीं, आस्ताँ[4] नहीं
बैठे हैं रहगुज़र प हम, कोई हमें उठाए क्यों
क़ैदे-हयातो[5]-बंदे-ग़म[6] अस्ल में दोनों एक हैं
मौत से पहले आदमी ग़म से नजात पाए क्यों
हाँ वो नहीं ख़ुदापरस्त जाओ वो बेवफ़ा सही
जिसको हो दीनो-दिल अज़ीज़, उसकी गली में जाए क्यों
ग़ालिब-ए-ख़स्ता के बिगैर कौन से काम बंद हैं
रोइए ज़ार-ज़ार क्या, कीजिए हाय-हाय क्यों

*

रहिए अब ऐसी जगह चल कर जहाँ कोई न हो
हम सुख़न कोई न हो और हमज़बाँ कोई न हो
बे दरो-दीवार सा इक घर बनाया चाहिए
कोई हमसाया न हो और पासबाँ कोई न हो

---

1. ईंट पत्थर, 2. मंदिर, 3. मस्जिद, 4. चौखट, 5. जीवन कारावास, 6. दुःख का बन्धन।

पड़िए गर बीमार तो कोई न हो तीमारदार
और अगर मर जाइए तो नौह ख़ाँ[1] कोई न हो

*

दिले-नादाँ तुझे हुआ क्या है
आख़िर इस दर्द की दवा क्या है
हम हैं मुश्ताक[2] और वो बेज़ार
या इलाही ये माजरा क्या है

*

हज़ारों ख़्वाहिशें ऐसी कि हर ख़्वाहिश प दम निकले
बहुत निकले मेरे अरमान लेकिन फिर भी कम निकले
निकलना खुल्द से आदम का सुनते आए थे लेकिन
बहुत बेआबरू होकर तिरे कूचे से हम निकले
महब्बत में नहीं है फ़र्क जीने और मरने का
उसी को देख कर जीते हैं जिस क़ाफ़िर प दम निकले

*

ये न थी हमारी क़िस्मत कि विसाले यार होता
अगर और जीते रहते यही इंतज़ार होता
तिरे वादे प जिये हम तो ये जान झूठ जाना
कि ख़ुशी से मर न जाते गर एतिबार होता
कोई मेरे दिल से पूछे तिरे तीरे-नीमकश को
ये ख़लिश कहाँ से होती जो जिगर के पार होता
कहूँ किस से मैं कि क्या है शबे-ग़म बुरी बला है
मुझे क्या बुरा था मरना, अगर एक बार होता

*

जोशे-जुनूँ में कुछ नज़र आता नहीं 'असद'
सहरा[3] हमारी आँख में यक मुश्ते-ख़ाक है[4]

*

---

1. विलाप करनेवाला, 2. इच्छुक, 3. रेगिस्तान, 4. मुट्ठी भर धूल।

इश्क़ से तबीअत ने ज़ीस्त[1] का मज़ा पाया
दर्द की दवा पाई, दर्द बे दवा पाया

*

इशरते-क़तरा[2] है दरिया में फ़ना[3] हो जाना
दर्द का हद से गुज़रना है दवा हो जाना

*

आह को चाहिए इक उम्र असर होने तक
कौन जीता है तिरी ज़ुल्फ़ के सर होने तक
आशिक़ी सब्र तलब और तमन्ना बेताब
दिल का क्या रंग करूँ ख़ूने-जिगर होने तक
परतवे-ख़ुर[4] से है शबनम को फ़नाह की तालीम
हम भी हैं एक इनायत की नज़र होने तक
ग़मे-हस्ती का 'असद' किस से हो जुज़ मर्ग[5] इलाज
शमअ हर रंग में जलती है सहर होने तक

*

दहर में नक़्शे-वफ़ा वजहे-तसल्ली न हुआ
है ये वो लफ़्ज़ जो शर्मिन्दा-ए-माअनी न हुआ

*

बहुत दिनों में तग़ाफ़ुल[6] ने तेरे पैदा की
वो इक निगह जो बज़ाहिर निगाह से कम है

*

की मेरे क़त्ल के बाद उसने जफ़ा से तौबा
हाय उस ज़ूद-पशेमाँ[7] का पशेमाँ होना

*

हम को उन से वफ़ा की है उम्मीद
जो नहीं जानते वफ़ा क्या है

*

---

1. ज़िन्दगी, 2. बूँद का वैभव, 3. नष्ट, 4. सूर्य का प्रकाश, 5. मृत्यु के अतिरिक्त, 6. उपेक्षा, 7. शीघ्र लज्जित होने वाला।

इस सादगी प कौन न मर जाए ऐ ख़ुदा
लड़ते हैं और हाथ में तलवार भी नहीं

*

मैंने कहा कि बज़्मे-नाज़[1] चाहिए ग़ैर से तिही[2]
सुन के सितम ज़रीफ़ ने मुझको उठा दिया कि यों

*

सर उड़ाने के जो वादे को मुक़र्रर[3] चाहा
हँस के बोले कि तिरे सर की क़सम है हमको

*

तुम जानो तुम को ग़ैर से जो रस्मो-राह हो
हम को भी पूछते रहो तो क्या गुनाह हो

*

आशिक हुए हैं आप भी इक और शख़्स पर
आख़िर सितम की कुछ तो मुकाफ़ात[4] चाहिए

*

जाते हुए कहते हो क़यामत को मिलेंगे
क्या ख़ूब! कयामत का है गोया कोई दिन और

*

तू दोस्त किसी का भी सितमगर न हुआ था
औरों प है वो ज़ुल्म, कि मुझ पर न हुआ था

*

ये कहाँ की दोस्ती है कि बने हैं दोस्त नासेह[5]
कोई चारासाज़[6] होता, कोई ग़मगुसार[7] होता

*

न लड़ नासेह से ग़ालिब, क्या हुआ गर उसने शिद्दत की
हमारा भी तो आख़िर ज़ोर चलता है ग़रीबाँ पर

*

1. प्रिय की महफ़िल, 2. ख़ाली, 3. दोबारा कहना, 4. प्रतिशोध, 5. उपदेशक, 6. चिकित्सक, 7. हमदर्द।

लाग हो तो उसको हम समझें लगाव
जब न हो कुछ भी तो धोका खाएं क्या

*

एतिबारे-इश्क़[1] की ख़ानाख़राबी[2] देखना
ग़ैर ने की आह लेकिन वो ख़फ़ा मुझ पर हुआ

*

कहते हो क्या लिखा है तेरी सरनविश्त[3] में
गोया जबीं[4] प सिज्दा-ए-बुत का[5] निशाँ नहीं

*

दोनों जहान दे के वो समझे ये ख़ुश रहा
याँ आ पड़ी ये शर्म कि तक़रार क्या करें

*

कब से हूँ क्या बताऊँ जहाने-ख़राब में
शब-हाए-हिज्र[6] को भी रखूँ गर हिसाब में
ता फिर न इंतज़ार में नींद आए उम्र भर
आने का वादा कर गये, आए जो ख़्वाब में
क़ासिद के आते-आते ख़त इक और लिख रखूँ
मैं जानता हूँ जो वो लिखेंगे जवाब में

*

कयामत है कि सुन लैला का दश्ते-क़ैस[7] में आना
ताज्जुब से वो बोला, यों भी होता है ज़माने में

*

मैं बुलाता तो हूँ उसको मगर ऐ जज़्बा-ए-दिल
उस प बन जाये कुछ ऐसी कि बिन आए न बने

*

---

1. प्रेम में विश्वास, 2. तबाही, 3. भाग्य, 4. माथे पर, 5. मूर्ति (प्रिय) को सिजदा करना, 6. विरह की रातें, 7. जंगल-जंगल भटकते मजनूँ की तलाश में।

इश्क़ पर ज़ोर नहीं है ये वो आतिश 'ग़ालिब'
जो लगाए न लगे, और बुझाए न बने

*

तुम उनके वादे का ज़िक्र उनसे क्यों करो 'ग़ालिब'
ये क्या कि तुम कहो, और वो कहें कि याद नहीं

*

मेहरबाँ होके बुला लो मुझे चाहो जिस वक़्त
मैं गया वक़्त नहीं हूँ कि फिर आ भी न सकूँ

*

न था कुछ तो ख़ुदा था, कुछ न होता तो ख़ुदा होता
डुबोया मुझ को होने ने, न होता मैं तो क्या होता

*

जब कि तुझ बिन नहीं कोई मौजूद
फिर ये हंगामा ऐ ख़ुदा क्या है

*

जान दी, दी हुई उसी की थी
हक़ तो ये है कि हक़ अदा न हुआ

*

अस्ले-शहूदो-शाहिदो-मशहूद[1] एक है
हैराँ हूँ, फिर मुशाहिद[2] है किस हिसाब में

*

दिले-हर-क़तरा[3] है साज़े-अनल बहर[4]
हम उसके हैं, हमारा पूछना क्या

*

इशरते-क़तरा[5] है दरिया में फ़ना[6] हो जाना
दर्द का हद से गुज़रना है दवा हो जाना

*

1. प्रत्यक्षदर्शी, उपस्थित और अवलोकनीय, 2. अवलोकन, 3. हर बूँद का हृदय, 4. मैं सागर हूँ, 5. बूँद का वैभव, 6. नष्ट।

हस्ती[1] के मत फ़रेब में आ जाइयो 'असद'
आलम[2] तमाम हल्क़ा-ए-दामे-ख़्याल[3] है

*

हम मुव्वहिद[4] हैं हमारा केश[5] है तर्के-रसूम[6]
मिल्लतें[7] जब मिट गईं अज्ज़ा-ए-ईमाँ[8] हो गईं

*

ईमाँ मुझे रोके है तो खेंचे है मुझे कुफ़्र
क़ा'बा मेरे पीछे है, कलीसा मेरे आगे

*

बस कि दुश्वार है हर काम का आसाँ होना
आदमी को भी मयस्सर नहीं इन्साँ होना

*

सब कहाँ कुछ लाला-ओ-गुल में नुमायाँ[9] हो गईं
ख़ाक में क्या सूरते होंगी कि पिन्हाँ[10] हो गईं

*

अब्र[11] रोता है कि बज़्मे-तरब आमादा करो[12]
बर्क़[13] हँसती है कि फ़ुर्सत कोई दम है हमको

*

दामे-हर मौज[14] में है हल्का-ए-सदकामे-निहँग[15]
देखें क्या गुज़रे है क़तरे प गुहर[16] होने तक

*

था ज़िन्दगी में मर्ग़[17] का खटका लगा हुआ
उड़ने से पेशतर[18] भी मिरा रंग ज़र्द था

*

1. अस्तित्व, 2. संसार, 3. मायाजाल, 4. सृष्टि को एक मानने वाला, 5. शैली, 6. कर्मकाण्ड का परित्याग, 7. सम्प्रदाय, 8. आस्था का अंश, 9. प्रकट, 10. विलीन, अदृश्य, 11. बादल, 12. खुशी की महफिल सजाओ, 13. बिजली, 14. लहरों के जाल 15. मगरमच्छों के खुले जबड़े, 16. मोती, 17. मृत्यु, 18. पहले।

पिन्हाँ था दामे-सख़्त क़रीब आशियान के
उड़ने न पाये थे कि गिरफ़्तार हम हुये

*

किससे महरुमि-ए-क़िस्मत की शिकायत कीजे
हमने चाहा था कि मर जायें सो वो भी न हुआ

*

न गुले-नग़मा हूँ, न पर्दा-ए-साज़
मैं हूँ अपनी शिकस्त की आवाज़

*

नग़मा-हाए-ग़म[1] को भी ऐ दिल ग़नीमत जानिये
बेसदा[2] हो जाएगा ये साज़े-हस्ती एक दिन

*

रौ में है रश्के-उम्र[3], कहाँ देखिये थमे
न हाथ बाग प है न पा है रिकाब में

*

बेसर्फ़[4] ही गुजरती है हो गर्चे-उम्रे-खिज्र[5]
हज़रत भी कल कहेंगे कि हम क्या किया किये

*

क्या वो नमरूद[6] की खुदाई थी
बंदगी में मिरा भला न हुआ

*

रात-दिन गर्दिश में हैं सात आस्माँ
हो रहेगा कुछ न कुछ घबराएं क्या

*

ज़िन्दगी अपनी जब इस शक्ल से गुज़री 'ग़ालिब'
हम भी क्या याद करेंगे कि ख़ुदा रखते थे

*

---

1. दर्द भरे गीत, 2. बे आवाज़, 3. जीवन का अश्व, 4. निरर्थक 5. भूले भटकों को रास्ता दिखानेवाले अमरत्व प्राप्त पैग़म्बर, 6. ख़ुदाई का दावा करने वाला एक बादशाह।

बू-ए-गुल, नाला-ए-दिल, दूदे-चिराग़े महफ़िल[1]
जो तिरी बज़्म से निकला, सो परीशाँ निकला

*

मुन्हसिर[2] मरने प हो जिसकी उम्मीद
नाउमीदी उस की देखा चाहिए

*

मुझ से मत कह तू हमें कहता था अपनी ज़िन्दगी
ज़िन्दगी से भी मिरा दिल इन दिनों बेज़ार है

*

घर में था क्या कि तेरा ग़म उसे ग़ारत करता
वो जो रखते थे हम इक हसरते-तामीर[3] सो है

*

कोई वीरानी सी वीरानी है
दश्त[4] को देख के घर याद आया

*

उग रहा है दरो-दीवार से सब्ज़ा 'ग़ालिब'
हम बयाबाँ में हैं और घर में बहार आयी है

*

हर इक मकान को है मकीं[5] से शरफ़ 'असद'
मजनूँ जो मर गया है तो जंगल उदास है

*

नुक्साँ नहीं जुनूँ में, भले से हो घर ख़राब
सौ गज़ ज़मीं के बदले, बयाबाँ गिराँ[6] नहीं

*

---

1. महफ़िल के चिराग़ का धुआँ, 2. निर्भर, 3. निर्माण की आकांक्षा, 4. जंगल, 5. मकान में रहनेवाला, 6. महँगा।

इन आबलों[1] से पाँव के घबरा गया था मैं
जी खुश हुआ है राह को पुर ख़ार[2] देखकर

*

कफ़स[3] में मुझ से रूदादे-चमन[4] कहते न डर हमदम
गिरी है जिस प कल बिजली वो मेरा आशियाँ क्या हो

*

हमको मालूम है जन्नत की हक़ीक़त लेकिन
दिल के खुश रखने को ग़ालिब ये ख़्याल अच्छा है

*

मेरी क़िस्मत में ग़म गर इतना था
दिल भी यारब कई दिये होते

*

दर्द मिन्नत कशे-दवा[5] न हुआ
मैं न अच्छा हुआ, बुरा न हुआ

*

बंदगी में भी वो आज़ादो-खुदबीं[6] हैं, कि हम
उल्टे फिर आए, दरे-क़ा'बा अगर वा[7] न हुआ

*

किसी को दे के दिल कोई नवा सँजे फ़ुग़ाँ[8] क्यों हो
न हो जब दिल ही सीने में तो फिर मुँह में ज़बाँ क्यों हो

*

वो अपनी ख़ू[9] न छोड़ेंगे, हम अपनी वज़अ[10] क्यों बदलें
सुबुक सर[11] बन के क्यों पूछें कि हम से सरगिराँ[12] क्यों हो

*

1. छालों, 2. काँटों से भरा, 3. पिंजरा, 4. उपवन की कहानी, 5. दवा का अहसानमंद, 6. स्वतंत्र एवं स्वाभिमानी, 7. खुला, 8. आर्तनाद, 9. स्वभाव, ढंग, 10. आचरण, 11. अपमानित 12. अप्रसन्न।

—

रगों में दौड़ते फिरने के हम नहीं क़ाइल
जब आँख ही से न टपका तो फिर लहू क्या है

*

नाक़रदा[1] गुनाहों की भी हसरत को मिले दाद
यारब अगर इन करदा गुनाहों की सज़ा है

*

हवस[2] को है नशाते-कार[3] क्या-क्या
न हो मरना तो जीने का मज़ा क्या

*

रंज से ख़ूगर[4] हुआ इन्साँ तो मिट जाता है रंज
मुश्किलें मुझ पर पड़ी इतनी कि आसाँ हो गयीं

*

हर एक बात प कहते हो तुम कि तू क्या है
तुम्हीं कहो कि ये अंदाज़े-गुफ़्तगू क्या है

*

रही न ताक़ते-गुफ़्तार,[5] और अगर हो भी
तो किस उम्मीद प कहिये कि आरज़ू क्या है

*

कब वो सुनता है कहानी मेरी
और फिर वो भी ज़बानी मेरी

*

हो गई है ग़ैर की शीरीं बयानी कारगर
इश्क़ का उसको गुमाँ हम बेज़बानों पर नहीं

*

मैं भी मुँह में ज़बान रखता हूँ
काश ! पूछो कि मुद्दआ क्या है

*

---

1. जो किए नहीं, 2. तृष्णा, 3. कर्म का उत्साह, 4. अभ्यस्त, 5. बात करने की शक्ति।

है कुछ ऐसी ही बात जो चुप हूँ
वर्ना क्या बात कर नहीं आती

*

जी में ही कुछ नहीं है, हमारे वगर्ना हम
सर जाये या रहे, न रहें पर कहे बिग़ैर

*

दे के ख़त मुँह देखता है नामाबर
कुछ तो पैग़ामे-ज़बानी और है

*

नुक्ताचीं है ग़मे-दिल उसको सुनाए न बने
क्या बने बात जहाँ बात बनाए न बने

*

बात पर वाँ ज़बान कटती है
वो कहें और सुना करे कोई
बक रहा हूँ जुनूँ में क्या-क्या कुछ
कुछ न समझे ख़ुदा करे कोई

*

यारब न वो समझे हैं न समझेंगे मेरी बात
दे और दिल उनको, जो न दे मुझ को ज़बाँ और

*

खुलता किसी प क्यों मिरे दिल का मुआमला
शे'रों क़े इन्तख़ाब ने रुसवा किया मुझे

*

चंद तस्वीरे-बुताँ, चंद हसीनों के ख़ुतूत
बाद मरने के मिरे घर से ये सामाँ निकला

*

कोई दिन गर ज़िन्दगानी और है
अपने जी में हमने ठानी और है

बारहा देखी हैं उनकी रंजिशें
पर कुछ अबके सरगिरानी[1] और है
हो चुकीं 'ग़ालिब' बलाएँ सब तमाम
एक मर्गे़-नागहानी[2] और है

*

मरते हैं आरज़ू में मरने की
मौत आती है पर नहीं आती
मौत का एक दिन मु'अइयन है
नींद क्यों रात भर नहीं आती

*

ग़ालिबे-ख़स्ता के बिग़ैर कौन से काम बंद हैं
रोइये ज़ार-ज़ार क्या, कीजिए हाय-हाय क्यों

*

यों ही गर रोता रहा 'ग़ालिब' तो ऐ अहले-वतन
देखना इन बस्तियों को तुम कि वीराँ हो गयीं

*

शमूआ बुझती है तो उस में से धुआँ उठता है
शोला-ए-इश्क़ सियाह-पोश हुआ मेरे बाद

*

पूछते हैं वो कि 'ग़ालिब' कौन है
कोई बतलाओ कि हम बतलायें क्या

*

हैं और भी दुनिया में सुख़नवर बहुत अच्छे
कहते हैं कि ग़ालिब' का है अंदाज़े-बयाँ और

*

बे चश्मे-दिल[3] न कर हवसे-सैरे-लालाज़ार[4]
यानि ये हर वर्क़, वर्क़े-इन्तिख़ाब हैं

*

1. रोष, 2. अकस्मात् मृत्यु, 3. मन की आँख के बिना, 4. फूलों की सैर की इच्छा।

गँजीना-ए-माअनी[1] का तिलिस्म[2] उस को समझिए
जो लफ़्ज कि 'ग़ालिब' मिरे अश'आर में आवे

*

बक़द्रे-शौक् नहीं ज़र्फे-तंगना-ए-ग़ज़ल[3]
कुछ और चाहिये वुसअत[4] मिरे बयाँ के लिए

*

आते हैं ग़ैब से मज़ामीं ख़्याल में
'ग़ालिब' सरीरे-ख़ामः[5] नवा-ए-सरोश[6]

*

मुश्किले-जाँ है उसकी हर बात
इबारत क्या, इशारत क्या, अदा क्या

*

ये मसाइले-तसव्वुफ़[7], ये तिरा बयान 'ग़ालिब'
तुझे हम वली समझते जो न बाद : ख़्वार[8] होता

---

1. अर्थ का ख़ज़ाना, 2. जादू, 3 ग़ज़ल का तंग क्षेत्र, 4. विशदता, 5. कलम की आवाज़, 6. खुदा की आवाज़ है, 7. अध्यात्म की समस्याएँ, 8. मद्यप।

मुहम्मद मोमिन ख़ाँ 'मोमिन' (सन् 1800-1851 ई.)

'मोमिन' का जन्म दिल्ली में सन् 1800 में एक कुलीन कश्मीरी परिवार में हुआ। इनके दादा और पिता गुलाम नबी ख़ाँ साहब शाही हक़ीम थे। जीविकोपार्जन के लिए 'मोमिन' ने भी यही पेशा अपनाया। सरकार से एक हज़ार रुपये सालाना पेंशन मिलती थी जिसका एक भाग 'मोमिन' को भी मिलता था। आर्थिक रूप से सदैव समर्थ रहे और शाहों के दरबार में क़सीदे पढ़ने की ज़रूरत न पड़ी। हक़ीमी के अतिरिक्त ज्योतिष और संगीत पर असाधारण अधिकार था। मोमिन का व्यक्तित्व बड़ा आकर्षक था, रहन-सहन में रख-रखाव और पहनावे में ख़ास सलीका था। तबीअत से रुमानी थे। शायरी में पहले शाह नसीर से इस्लाह ली, 'नासिख़' के रंग को भी आज़माया मगर तबीअत को रास नहीं आया और शीघ्र ही अपनी अलग राह निकालने में कामयाब हो गये। कई विधाओं में लिखा लेकिन विशेष सफलता ग़ज़ल में प्राप्त हुई। 'मोमिन' की ग़ज़ल का विषयक्षेत्र पारम्परिक है और वे किसी आध्यात्मिक प्रेम या दार्शनिक जटिलताओं की बात नहीं करते लेकिन भौतिक प्रेम का कोई पहलू उनकी संवेदनशीलता और तीव्र अनुभूति से बच नहीं पाता। हुस्न और इश्क़, संयोग-वियोग, वस्ल और जुदाई के हज़ार रंग, मन की तड़प, रक़ीबों की जलन, नासेह की नसीहतें, माशूक की अदाएँ, आशा-निराशा के भँवर, खट्टी-मीठी यादें, तदबीर और तक़दीर की तमाम कैफ़ियतें उनके छोटे से दीवान में निहायत ही खूबसूरत और दिलफ़रेब अंदाज़ में सिमट आयी हैं। शे'र कहने का ढंग ऐसा प्रभावपूर्ण है कि कही-सुनी साधारण सी बात भी असाधारण और नई हो जाती है। उपमाओं में नवीनता और दिलकशी है। बहुत से शे'र क्लिष्ट और बोझिल या लकीर पीटने जैसे हैं लेकिन जहाँ 'मोमिन' पूरी सहजता से गहन भावानुभूति को सीधी-सादी ज़बान में अदा करते हैं वहाँ 'मीर' की याद दिलाते हैं। अदायगी कलापूर्ण है, शे'रों से बहुधा चमत्कृत करते हैं, काव्य-शास्त्र के नियमों का पालन किया है।

वो जो हम में तुम में क़रार था, तुम्हें याद हो कि न याद हो
वही वादा यानी निबाह का, तुम्हें याद हो कि न याद हो
वो जो लुत्फ़ मुझ पे थे पेशतर, वो करम कि था मेरे हाल पर
मुझ सब है याद ज़रा-ज़रा, तुम्हें याद हो कि न याद हो
कभी हम में तुम में भी चाह थी, कभी हम से तुम से भी राह थी
कभी हम भी तुम भी थे आश्ना, तुम्हें याद हो कि न याद हो

*

रोया करेंगे आप भी पहरों इसी तरह
अटका कहीं जो आप का दिल भी मिरी तरह

*

है कुछ तो बात 'मोमिन' जो छा गई ख़मोशी
किस बुत[1] को दे दिया दिल, क्यों बुत[2] से बन गए हो

*

असर उसको ज़रा नहीं होता
रंज राहत फ़िज़ा नहीं होता
हाले-दिल यार को लिखूँ क्योंकर
हाथ दिल से जुदा नहीं होता
तुम हमारे किसी तरह न हुए
वर्ना दुनिया में क्या नहीं होता
तुम मेरे पास होते हो गोया
जब कोई दूसरा नहीं होता

*

क़हर है, मौत है, कज़ा है इश्क़
सच तो ये है बुरी बला है इश्क़

---

1. रूपसी, 2. प्रतिमा।

असरे-ग़म ज़रा बता देना
वो बहुत पूछते हैं क्या है इश्क़
देखिए किस जगह डुबो देगा
मेरी कश्ती का नाखुदा[1] है इश्क़

*

डूबा जो कोई आह ! किनारे पै आ गया
तुग़यानं-बह्रे-इश्क़[2] है साहिल के आस-पास

*

कहते हैं तुम को होश नहीं इज़्तराब में
सारे गिले तमाम हुए इक जवाब में
रहते हैं जमा कूचा-ए-जानाँ में ख़ासो-आम
आबाद एक घर है जहाने-ख़राब में
आँख उसकी फिर गई थी दिल अपना भी फिर गया
ये और इन्कलाब हुआ इन्कलाब में

*

हम समझते हैं आज़माने को
उज्र कुछ चाहिए सताने को
बर्क़ का आसमाँ पर है दिमाग़
फूँक कर मेरे आशियाने को
कोई दिन हम जहाँ में बैठे हैं
आसमाँ के सितम उठाने को

*

तुमसे वो करता है बातें रश्क़ से रोता हूँ मैं
सच कहा झड़ते हैं मोती ग़ैर की तक़रीर से

*

ख़ाक उड़ाई गुल ने ये किसके जुनूने-इश्क़ में
आए है कुछ अटी हुई बादे-सबा ग़ुबार में

*

---

1. खेवैया, 2. प्रेम-सागर का उत्कर्ष।

कहा उस बुत से, मरता हूँ, तो 'मोमिन'
कहा 'मैं क्या करूँ, मर्ज़ी ख़ुदा की

*

ज़िन्दगी-ए-हिज्र[1] भी इक मौत थी
मर्ग ने[2] क्या कारे-मसीहा किया

*

हर एक से उस बज़्म में शब पूछते थे नाम
था लुत्फ़ जो कोई मिरा हमनाम निकलता

*

तेरे परदे ने की ये परदादारी
तेरे छुपते ही कुछ छुपा न रहा

*

मैंने तुमको दिल दिया, तुमने मुझे रुसवा किया
मैंने तुम से क्या किया और तुमने मुझ से क्या किया

*

आज उस बज़्म में तूफ़ान उठा के उठे
यां तलक रोए कि उसको भी रुला के उठे

*

हैं असीर[3] उसके जो है अपना असीर
हम न समझे सैद[4] क्या सैयाद[5] क्या

*

वो हँसे सुन के नाला[6] बुलबुल का
मुझे रोना है ख़न्दा-ए-गुल[7] का

*

किस पै मरते हो ? आप पूछते हैं
मुझ फ़िक्रे-जवाब ने मारा

---

1. विरह का जीवन, 2. मृत्यु, 3. बंदी, 4. शिकार, 5. शिकारी, 6. रुदन, 7. फूल की मुस्कान।

यू कभी नौजवाँ न मरता मैं
तेरे अहदे-शबाब ने मारा

*

यूँ बना के हाले-दिल कहना न था
बात बिगड़ी मेरी ही तक़रीर से

*

जौर[1] का शिकवा न करूँ ज़ुल्म है
राज़ मेरा सब्र ने अफ़शाँ[2] किया

*

किस सनम की बंदगी में बुत परस्ती छोड़ दी
हो गई 'मोमिन' की सी क्यों दीनदारी आपकी

*

मुझे चुप लगी मुद्दआ कहते-कहते
रुके हैं वो क्या जाने क्या कहते-कहते
ज़बाँ गुंग है इश्क़ में गोश[3] कर[4] है
बुरा सुनते-सुनते भला कहते-कहते

*

माँगा करेंगे अब से दुआ हिज्रे-यार की
आख़िर तो दुश्मनी है असर को दुआ के साथ

*

बेखुद थे, ग़श थे, महूव थे, दुनिया का ग़म न था
जीना विसाल में भी तो मरने से कम न था

*

वस्ल में भी दिल से ग़म जावे कहाँ
क्या कोई अपना ठिकाना छोड़ दे
हम नहीं उठने के तेरी बज़्म से
पास ग़ैरों को बिठाना छोड़ दे

*

---

1. सितम, 2. ज़ाहिर, 3. कान, 4. सुनने में असमर्थ।

यूँ है शुआ-ए-दाग़[1] मेरे दिल के आस-पास
हाला[2] हो जिस तरह महे-कामिल[3] के आस पास

*

कुछ कफ़स[4] में इन दिनों लगता है जी
आशियाँ अपना हुआ बरबाद क्या

*

करके ज़ख़्मी मुझे नादिम[5] हों ये मुमकिन ही नहीं
गर वो होंगे भी तो बेवक़्त पशेमां होंगे

*

तुमको ख़ूँ[6] हो गई बुराई की
दर गुज़र कीजिए भला कब तक

*

मैं भी कुछ खुश नहीं वफ़ा कर के
तुमने अच्छा किया निबाह न की
रश्के-दुश्मन बहाना था सच है
मैंने ही तुमसे बेवफ़ाई की

*

माशूक से भी हमने निभाई बराबरी
वाँ लुत्फ़ कम हुआ तो यहाँ प्यार कम हुआ

*

नावक-अंदाज़ जिधर दीदा-ए-जानाँ होंगे
नीम बिस्मिल कई होंगे, कई बे जाँ होंगे

*

न कुछ शोख़ी चली बादे-सबा की
बिगड़ने में भी ज़ुल्फ़ उसकी बना की

*

1. दाग़ की लपट, 2. घेरा, 3. पूरा चाँद, 4. पिंजरा, 5. लज्जित, 6. आदत, स्वभाव।

तारे आँखें झपक रहे थे
था बाम पे कौन जल्वागर रात

*

मेरे तग़य्युरे-रंग को मत देख
तुझको अपनी नज़र न हो जाए

*

लगती हैं गालियाँ भी तेरे मुँह से क्या भली
कुर्बान तेरे फिर मुझे कह ले इसी तरह

*

जुल्फ़ें उठाओ रुख़ से कि दिल की जलन मिटे
बुझ जाए है जहान में वक़्ते-सहर[1] चराग़

*

मुझे याद आ गई बस यूँ ही उसके क़द-ओ-कामत की
चमन में देख कर कल सर्व मैंने क्या क़यामत की

*

उस महरवश के जल्वे के कुर्बान क्यों न हूँ
परवाने को भी रात न आया नज़र चिराग़

*

महृव[2] मुझ सा दमे-नज़्ज़ारा-ए-जानाँ[3] होगा
आईना आईना देखेगा तो हैराँ होगा

*

उस ग़ैरते-नाहीद की हर तान है दीपक
शोला सा चमक जाए है आवाज़ तो देखो

*

दमे-हिसाब रहा रोज़े-हश्र ये ही ज़िक्र
हमारे इश्क़ का चर्चा कहाँ-कहाँ न हुआ

*

---

1. प्रातःकाल, 2. तल्लीन 3. प्रेयसी को देखने में।

दियत[1] में रोज़े-जज़ा[2] ले रहेंगे क़ातिल को
हमारा जान के जाने में भी ज़ियाँ[3] न हुआ

*

क्या कहूँ तुम जो न आए क्या क़यामत आ गई
मेहमां था मेरे घर में रोज़े-महशर[4] रात को

*

गली में उसकी न फिर आते हम तो क्या करते ?
तबीअत अपनी न जन्नत के दरमियान लगी

*

एजाज़े-जाँ वही है हमारे क़लाम को
ज़िन्दा किया है हमने मसीहा के नाम को

*

मुझे जन्नत में वो सनम न मिला
हश्र और एक बार होना था

*

उड़ गया चर्ख़[5] पर गुबार अपना
हो गई ख़ाक ख़ाकसारी आज

*

ताबो-ताक़त, सब्रो-राहत, जानो-ईमां, अक़्लो-होश
हाय क्या कहिए कि दिल के साथ क्या-क्या जाए है

*

इस शर्त पर जो लीजे तो हाज़िर है दिल अभी
रंजिश न हो फ़रेब न हो इम्तहां न हो

*

तौबा गुनहे-इश्क़ से फ़रमाए है वाइज़
ये भी कहीं दिल दे के गुनहगार हुआ है

*

---

1. अन्तिम इच्छा, 2. कयामत के दिन, 3. नुकसान, 4. क़यामत का दिन, 5. आसमान।

क्या दिल को ले गया कोई बेगाना-आशना
क्यों अपने जी को लगते हैं कुछ अजनबी से हम

*

आफ़ते-जाँ है कोई परदा नशीं
कि मेरे दिल में आ छुपा है इश्क़

*

सीमाब है पहलू में मेरे दिल तो नहीं ये
इस दिल ने सताया है मुझे ग़ारत हो कहीं ये

*

मैं अहवाले-दिल मर गया कहते-कहते
थके तुम न बस-बस, सुना कहते-कहते

*

ऐ दिल, आहिस्ता आह ताबे-शिकन
देख टुकड़े ज़िगर न हो जाए

*

उसके उठते ही हम जहाँ से उठे
क्या क़यामत है दिल का आ जाना

*

वादा-ए-विसलत से दिल हो शाद क्या
तुम से दुश्मन को मुबारकबाद क्या

*

है दोस्ती तो जानिबे-दुश्मन न देखना
जादू भरा हुआ है तुम्हारी निगाह में

*

थी वस्ल में भी फ़िक्रे-जुदाई तमाम शब
वो आए तो भी नींद न आई तमाम शब

*

वस्ल की शब, शाम से मैं सो गया
जागना हिजराँ[1] का बला हो गया

*

ये हालत है तो क्या हासिल बयाँ से
कहूँ कुछ और कुछ निकले ज़बाँ से

*

न ताब हिज्र में है न आराम वस्ल में
कमबख़्त दिल को चैन नहीं है किसी तरह

*

क्या रहम खाके ग़ैर ने दी थी दुआ-ए-वस्ल
ज़ालिम! कहाँ वगर्ना असर मेरी आह में

*

मर चुक कहें कि तू ग़मे-हिजराँ से छूट जाए
कहते तो हैं भले की वो लेकिन बुरी तरह

*

माशूक और भी है बता दे जहान में
करता है कौन ज़ुल्म किसी पर तेरी तरह

*

इश्क़ में नासेह भी है क्या मुद्दई
जुर्म साबित हो गया इंकार से

*

ये कौन कहे उससे की तर्के-वफ़ा मैंने
कर तू ही ज़रा नासेह पैग़ाम्बरी इतनी

*

हम हाल कहे जाएँगे सुनिए कि न सुनिए
इतना ही तो याँ सुहबते-नासेह का असर है

*

1. विरह की रातें।

नासेह ! ये गिला क्या है कि मैं कुछ नहीं कहता
तू कब मेरी सुनता है कि मैं कुछ नहीं कहता

*

मैं तो दीवाना था, उसकी अक्ल को क्या हो गया ?
कैस[1] कहता है मुझे, नासेह को सौदा[2] हो गया

*

इस वुसअते-कलाम से जी तंग आ गया
नासेह ! तू मेरी जान न ले, दिल गया, गया

*

कह दीं रक़ीब ने मेरी बे इल्तफ़ातियाँ
नासेह हमारे हाल पे कुछ मेह्रबाँ है अब

*

लग जाए शायद आँख कोई दम शबे-फ़िराक़
नासेह ही को ले आओ गर अफ़साना ख़्वाँ नहीं

*

ऐ नासहो ! आ ही गया वो फ़ित्ना-ए-अय्याम लो
हम को तो कहते थे भला, अब तुम तो दिल को थाम लो

*

नासेहे-नादाँ, ये दानाई[3] नहीं
दिल को समझाऊँ, मैं सौदाई[4] नहीं

*

नासेह रक़ीब से है बदआमोज़तर कहीं
पर मैंने तेरा हाल सुनाया नहीं हनोज़

*

बात नासेह से करते डरता हूँ
कि फ़ुगाँ बेअसर न हो जाए

*

---

1. मजनूँ, 2. दीवानगी, 3. समझदारी, 4. दीवाना।

कुछ नहीं नज़र आता आँख लगते ही नासेह
गर नहीं यकीं हज़रत आप भी लगा देखें

*

न करनी थी नसीहत उस के बैठे पर, क़यामत की
अजब फ़ितना है नासेह भी कि ये फ़ित्ने उठाता है

*

समझ के और ही कुछ मर चला मैं ऐ नासेह
कहा जो तूने नहीं जान जा के आने की

*

मैं वहम से मरता हूँ, वहाँ रौब से उसके
क़ासिद की ज़बाँ से नहीं पैग़ाम निकलता

*

देख लो शौके-नातमाम मिरा
ग़ैर ले जाए है पयाम मिरा

*

सख़्त कमबख़्ती हुई ये भी नसीबों का लिखा
ग़ैर को ख़त नामाबर ने बेख़बर दिखला दिया

*

राज़े-निहाँ[1] ज़बाने-अग़ियार[2] तक न पहुँचा
क्या एक भी हमारा ख़त यार तक न पहुँचा

*

एक-एक अदा सौ-सौ देती है जवाब उसके
क्यों कर लबे-क़ासिद से पैग़ाम अदा होता

*

या तो दम[3] देता था वो या नामाबर बहकाए था
थे ग़लत पैग़ाम सारे कौन यां तक आए था

*

---

1. रहस्य, 2. दुश्मन की ज़बान, 3. फ़रेब,।

देते हो तसकीं मेरे आज़ार से
दोस्ती तुम को नहीं अग़ियार से ?

*

अदू[1] के वहम से तकता हूँ बज़्मे-ऐश में हर सू[2]
नहीं है और कुछ यूँ आप चाहे जो गुमाँ कीजे

*

कहा है ग़ैर ने तुमसे मेरा हाल
कहे देती है बेबाकी अदा की

*

यास[3] देखो कि ग़ैर से कह दी
बात अपनी उम्मीदवारी की

*

मजलिस में ता न देख सकूँ यार की तरफ़
देखे है मुझको देख के अग़ियार की तरफ

*

दिया उस बदगुमाँ को ताना-ए-ग़ैर
ग़ज़ब है क्या कहूँ अपनी ज़बाँ को

*

बेवफ़ाई का अदू की है गिला
लुत्फ़ में भी वो सताते हैं मुझे

*

रात किस-किस तरह कहा, न रहा
न रहा, पर वो माहलक़ा न रहा

*

चारागर क़ाबे में उसके आस्ताँ से ले गए
एक भी मेरी न मानी लाख सिर पटका किया

*

1. दुश्मन, 2. चारों दिशा में, 3. नाउम्मीदी।

नाकामियों की तुमने जो तशबीह[1] मुझ से दी
शीरीं को दर्दे-तल्ख़िए-फ़रहाद आ गया

*

जब मुझे रंजे-दिले-आज़ारी न हो
बेवफ़ा! फिर हासिले-बेदाद[2] क्या!

*

जिनसे मंज़ूरे-वफ़ा है हो जफ़ा भी उन पर
मुझ से कुछ काम नहीं है तो सताते क्यों हो

*

अगर न हँसना-हँसाना किसी का भा जाता
तो बात-बात पे यूँ रो दिया न करते हम

*

खा गया जी ग़मे-निहाँ अफ़सोस
घुल गई ग़म के मारे जाँ अफ़सोस
गुले-दाग़े-जुनूँ खिले भी न थे
आ गई बाग़ में ख़िज़ाँ अफ़सोस

*

सर पटकता है क़लक़ में मोमिन-ए-ख़ाना-ख़राब[3]
मस्जिदें रहती नहीं क्या फ़ायदा तामीर[4] से

*

गो कि हम सफ़हा-ए-हस्ती पे थे इक हर्फ़े-ग़लत
लेक[5] उठे भी तो एक नक्श बिठा के उठे

*

इंसाफ़ के ख़्वाहाँ[6] हैं, नहीं तालिबे-ज़र[7] हम
तहसीने-सुख़न-फ़हम है 'मोमिन' सिला अपना

---

1. उपमा, 2.जुल्म का फ़ायदा, 3. तबाह हाल, 4. निर्माण, 5. लेकिन, 6. इच्छुक, 7. धन की लालसा।

मिर्ज़ा 'दाग़' देहलवी (सन् 1831-1905 ई.)

'दाग़' का जन्म सन् 1831 ई. में दिल्ली में हुआ। छः वर्ष के थे जब पिता नवाब शमसुद्दीन ख़ाँ का देहान्त हो गया। सन् 1844 ई. में इनकी माता ने बहादुरशाह 'ज़फ़र' के बेटे मिर्ज़ा फ़ख़रू से पुनर्विवाह कर लिया। तेरह वर्ष की आयु में मिर्ज़ा 'दाग़' लालकिले में आ गए और उनकी शिक्षा-दीक्षा शहज़ादों की तरह होने लगी। 'दाग़' के जीवन में धन-दौलत और भोग-विलास की कभी कमी नहीं रही। एक शायर के रूप में भी जो आदर-सम्मान और प्रतिष्ठा उन्हें मिली वह शायद ही कभी किसी शायर को नसीब हुई हो।

सन् 1856 में मिर्ज़ा फ़ख़रू की अकस्मात् मृत्यु के बाद आप रामपुर चले गए जहाँ नवाब क़ल्बे अली ख़ाँ ने चौबीस बरस तक आपको बेहद प्यार और इज़्ज़त से नवाज़ा। नवाब की मृत्यु के बाद निज़ाम हैदराबाद के प्रश्रय में रहे। सुख और सम्मान सदैव 'दाग़' के हमराह रहे। महलों के ऐश्वर्यपूर्ण वातावरण ने उनके जीवन और उनकी शायरी में ग़ज़ब की रंगीनी, शोख़ी और दिलकशी भर दी। 'दाग़' हुस्न और इश्क़ के शायर हैं और वह भी शुद्धरूपेण भौतिक। आपके कलाम में अनुभूत दैहिक प्रेम की मांसलता है, ऐन्द्रिक विषय वासनाओं की चिन्गारियाँ हैं और बिना किसी दुराव-छिपाव के मनोभावों का यथार्थ चित्रण है। सांसारिक प्रेम का ऐसा कोई पहलू नहीं, ऐसी कोई अदा नहीं जो अपनी तमाम शोख़ी और चुलबुलेपन के साथ 'दाग़' की शायरी में मौजूद नहीं। साथ ही वे दिल्ली की परिमार्जित, शुद्ध टकसाली, मधुर, संगीतमय एवं सरल भाषा का प्रयोग करते हैं। बंदिशों की चुस्ती, काव्य-प्रवाह, शैली की नवीन निजता और मुहावरों का जैसा प्रभावी प्रयोग 'दाग़' के काव्य में बन पड़ा है, वह असाधारण है। 'दाग़' ने उर्दू को फ़ारसी के प्रभाव से मुक्त करा के उसे सजाया, सँवारा, निखारा और उसे अभिव्यंजना की सामर्थ्य दी। 'दाग़' के चार दीवान हैं और लगभग 16000

अशआर। आपके शिष्यों की संख्या 1500 बतायी जाती है। इनमें मुहम्मद इक़बाल, सीमाब अकबराबादी, नूह नारवी, बेख़ुद देहलवी, नातिक़, नसीम भरतपुरी और जोश मल्सियानी विशेष रूप से उल्लेखनीय हैं। 'दाग़' उस्ताद शायर थे और यह मशहूर है कि वे मुशायरा लूट लेते थे।

तुम्हारा दिल मेरे दिल के बराबर हो नहीं सकता
वो शीशा हो नहीं सकता, ये पत्थर हो नहीं सकता

*

हमने उनके सामने पहले तो ख़ंजर रख दिया
फिर कलेजा रख दिया, दिल रख दिया, सर रख दिया

*

ग़ज़ब किया तेरे वादे का ऐतबार किया
तमाम रात क़यामत का इंतज़ार किया

*

क्या-क्या फ़रेब दिल को दिए इज़्तराब में
उनकी तरफ़ से आप लिखे ख़त जवाब में

*

दिल को इस आजिज़ी से देता हूँ
कोई जाने सवाल करता हूँ

*

बेनियाज़ी जो हुई मेरी तमन्ना से हुई
मुझको अरमां जो न होता तुझे अरमां होता

*

दिल में समा गयीं हैं क़यामत की शोख़ियाँ
दो-चार दिन रहा था किसी की निगाह में

*

नामाबर तूने भी देखा है उसे, सच कहना
ज़ात कैसी है, फबन कैसी है, नक्शा कैसा

*

तुमको चाहा तो ख़ता क्या है बता दो मुझको
दूसरा कोई तो अपना-सा दिखा दो मुझको

*

आईना है और वो हैं देखिए
फ़ैसला ये दोनों बाहम[1] क्या करें

*

दिलरुबा कहलाए दिल-आज़ार ऐसा ढूँढ़िए
आशना कहिए जिसे बेगाना ऐसा चाहिए

*

मेरी किस्मत की तरह रहती है बल खाई हुई
ज़ुल्फ़ पर भी क्या है सख़्ती की गिरह आई हुई

*

रहेगा इश्क तेरा ख़ाक में मिला के मुझे
कि इब्तिदा में हुए रंज इन्तिहा के मुझे
बला-ए-इश्क़ तो दुश्मन को भी नसीब न हो
मेरा रक़ीब भी रोया गले लगा के मुझे

*

उन्हें नफ़रत हुई सारे जहाँ से
नई दुनिया कोई लाए कहाँ से

*

दिल दो तरह का तेरी मुहब्बत में चाहिए
राहत में एक, एक मुसीबत में चाहिए
रखे जो होशियार वो सोहबत में चाहिए
मेरा रक़ीब ही मेरी ख़िदमत में चाहिए

*

तुम कि बेदाद करो और न शरमाओ ज़रा
हम कि नाकरदा-गुनाह और परेशान बहुत

*

1. आपस में।

वफ़ा करो कि जफ़ा इख़्तयार है तुम को
बुरे हैं या भले जैसे भी हैं तुम्हारे हैं

*

रहरवे राहे-मुहब्बत[1] का ख़ुदा हाफ़िज़ है
इस में दो-चार बहुत सख़्त मुकाम आते हैं

*

कौन सा चाहनेवाला है तुम्हारा ममनून[2]
सर तो रहता नहीं, एहसान कहाँ रहता है

*

मुझ को मिला ये शिकवा-ए-दुश्नाम पर जवाब
आप उससे इश्क़ कीजिए जिसके ज़बां न हो

*

ये तो नहीं कि तुम सा जहाँ में हसीं नहीं
इस दिल का क्या करूँ ये बहलता कहीं नहीं

*

कुछ देख रहे हैं दिले-बिस्मिल[3] का तड़पना
कुछ ग़ौर से क़ातिल का हुनर देख रहे हैं

*

अपने बिस्मिल का सर है ज़ानू पर
किस मुहब्बत से जान लेते हैं

*

कहा था हमने जो कुछ राज़दाँ से
सुना वो आज दुश्मन की ज़बाँ से

*

हर चंद बला है पर इसमें भी वफ़ा है
घर ग़ैर के मेरी शबे-फ़ुरकत[4] नहीं जाती

*

---

1. प्रेम की राह पर चलनेवाला, 2. कृतज्ञ, 3. घायल हृदय, 4. वियोग की रात।

उसकी शोहरत भी मिटी जाती है
कुछ ठिकाना मेरी रुसवाई का

*

कुछ हमें भी ख़्याल हो ही गया
आख़िर उनसे मलाल हो ही गया

*

दोस्त लाए उस गली से जब मुझे
जम गया साया मेरा दीवार पर

*

चोट खाना दिले-हज़ीं न कहीं
दर्द रह जाएगा कहीं न कहीं

*

मुझको कहिए न बुरा ग़ैर के साथ
जो हो कहना, जुदा-जुदा कहिए

*

इस अदा से वो जफ़ा करते हैं
कोई जाने कि वफ़ा करते हैं

*

ये जो है हुक्म मेरे पास न आए कोई
इसलिए रूठे रहे हैं कि मनाए कोई
हो चुका ऐश का जलसा तो मुझे ख़त पहुँचा
आपकी तरह से मेहमान बुलाए कोई

*

अभी तो खेल समझे हो मगर इक दिन दिखा देंगे
क़यामत इसको कहे हैं, क़यामत ऐसी होती है

*

ले चला जान मेरी रूठ के जाना तेरा
ऐसे आने से तो बेहतर था, न आना तेरा

*

मिर्ज़ा 'दाग़'

तुम्हारे ख़त में नया इक सलाम किसका था
न था रक़ीब तो आख़िर वो नाम किसका था
रहा न दिल में वो बेदर्द और दर्द रहा
मुक़ीम[1] कौन हुआ है मक़ाम[2] किस का था
न पूछताछ थी किसी की वहाँ न आवभगत
तुम्हारी बज़्म में कल एहतमाम[3] किस का था

*

ग़ैर ने की बेवफ़ाई सब की शामत आ गई
आग हो जाते हैं वो अहले-वफ़ा को देख कर

*

राह पर उनको लगा लाए तो हैं बातों में
और खुल जाएँगे दो-चार मुलाकातों में

*

ख़ुदा के वास्ते झूठी न खाइये कसमें
मुझे यक़ीन हुआ, मुझको एतबार आया

*

पिन्दे-वाइज़[4] सुनते-सुनते कान अपने भर गए
क्या इबादत को हमीं हैं सब फ़रिश्ते मर गए

*

आशिकी से मिलेगा ऐ ज़ाहिद
बंदगी से नहीं ख़ुदा मिलता

*

अल्लाह का घर क़ाबे को कहते हैं लेकिन
देता है पता और वो मिलता है कहीं और

*

जोशे-रहमत के वास्ते ज़ाहिद!
है ज़रा सी गुनहगारी शर्त

*

1. रहनेवाला, 2. निवास स्थल, 3. इंतज़ाम, 4. धर्मोपदेश।

क्या ग़ज़ब है कि नहीं इन्साँ को इन्सान की क़द्र
हर फ़रिश्ते को ये हसरत है कि इन्साँ होता

*

रोज़ा रखें, नमाज़ पढें, हज अदा करें
अल्लाह ये सवाब[1] भी है किस अज़ाब[2] का

*

काबे जाते तो हैं ये धड़का है
हम न पहुँचे ख़ुदा के पास कहीं

*

ज़ाहिद मज़ा तो जब है अज़ाबो-सवाब का
दोज़ख़ में बादाकश[3] न हो, जन्नत में तू न हो

*

एक ही रंग है सब में, ये तमाशा कैसा
कोई कैसा है, कोई चाहनेवाला कैसा

*

ज़ाहिद अगर ये पस्त है मस्जिद से तो क्या है
कुछ इस से तो मयख़ाने की अज़मत नहीं जाती

*

सुना कलाम जो रिन्दों का शेख़ घबराया
वहाँ तो बात का छींटा भी बेशराब न था

*

रुह किस मस्त की प्यासी गई मैख़ाने से
मय उड़ी जाती है साक़ी तेरे पैमाने से

*

दीन-दुनिया के मज़े जब थे कि दो दिल होते
एक में कुफ़्र, अगर एक में ईमाँ होता

*

---

1. पुण्य, 2. यन्त्रणा, 3. मद्यप।

बुरा न जान, हसीनों को मान ऐ वाइज़
खुदा गवाह ये बंदे ख़ुदा को प्यारे हैं

*

साक़ी तेरी महफ़िल में चर्चा ही नहीं मय का
इससे तो ये बेहतर था कुछ ज़िक्रे-खुदा होता

*

वो आदमी कहाँ है वो इन्सान है कहाँ
जो दोस्त का हो दोस्त, उदू[1] का उदू न हो

*

ये काम नहीं आसाँ इन्सान को मुश्किल है
दुनिया में भला होना, दुनिया का भला करना

*

दुश्मन के आगे सर न झुकेगा किसी तरह
ये आसमाँ ज़मीं से मिलाया न जाएगा

*

ख़ूबियाँ लाख किसी में हों तो ज़ाहिर न करें
लोग करते हैं बुरी बात का चर्चा कैसा

*

किसी का मुझको न मोहताज रख ज़माने में
कमी है कौन सी या रब तेरे ख़ज़ाने में

*

काम रुकने का नहीं ऐ दिले-नादाँ कोई
खुद-ब-खुद ग़ैब[2] से हो जाएगा सामाँ कोई

*

फ़लक देता है जिनको ऐश उनको ग़म भी होते हैं
जहाँ बजते हैं नक्कारे वहाँ मातम भी होते हैं

*

---

1. दुश्मन, 2. अदृश्य।

दिल दे तो इस मिज़ाज का परवर दिगार दे
जो रंज की घड़ी भी खुशी से गुज़ार दे

*

न इतराइये देर लगती है क्या
ज़माने को करवट बदलते हुए

*

कहा गुन्चे से मुरझा कर यह गुल ने
'हमेशा कब रहा जोबन किसी का'

*

मेरे आशियाँ के तो थे चार तिनके
चमन उड़ गये आँधियाँ आते-आते

*

तमाशा-ए-दैरो-हरम देखते हैं
तुझे हर बहाने से हम देखते हैं

*

बादशाहों को भी लोग हैं देनेवाले
ये फ़कीरों ही को अल्लाह ने हिम्मत दी है

*

थी ज़माने में रोशनी जिनकी
हाय उस घर में अब चराग़ नहीं

*

दोस्तों से तो कुछ न निकला काम
कोई दुश्मन ही काम का मिलता

*

हँसी आती है अपने रोने पर
और रोना है जगहँसाई का

*

दिल लगी दिल्लगी नहीं नासेह
तेरे दिल को अभी लगी ही नहीं

*

बात करते हैं ख़ुशी की भी तो इक रंज के साथ
वो हँसाते भी है ऐसे कि रुला देते हैं

*

नतीजा न निकला थके सब पयामी[1]
वहाँ जाते-जाते, यहाँ आते-आते

*

आगे आती थी याद भी तेरी
अब कभी भूल कर नहीं आती

*

पानी पी-पी के तौबा करता हूँ
पारसाई-सी पारसाई है

*

क़ासिद भी उसको देख के दीवाना हो गया
पूछी ज़मीन की, तो कही आस्मान की

*

निगह-ग़ैर पर बेअसर हो गई
तुम्हारी नज़र को नज़र हो गई

*

क्यों चुराते हो देख कर आँखें
कर चुकीं मेरे दिल में घर आँखें

*

आती है बात-बात मुझे याद बार-बार
कहता हूँ दौड़-दौड़ के क़ासिद से राह में

*

1. सन्देशवाहक।

ये दाद मिली उनसे मुझे काविशे-दिल की
जिस काम की आदत हो वो मुश्किल नहीं होता

*

दिल को आसूदा[1] जो देखा तो उन्हें ज़िद आई
इससे बेहतर तो यही था कि परेशां होता

*

हो गई बारे-गरां बन्दा-नवाज़ी तेरी
तू न करता अगर एहसान तो एहसां होता

*

वो कसम खाते हैं अब हर बात पर
बदगुमानी का मज़ा जाता रहा
ग़ैर पर लुत्फ़ो-करम होने लगा
मेहरबानी का मज़ा जाता रहा
नामाबर ने तय किए सारे पयाम
मुँह ज़बानी का मज़ा जाता रहा

*

साफ़ कब इम्तहान लेते हैं
वो तो दम दे के जान लेते हैं

*

तेरी रंजिश खुली तर्ज़े-बयाँ से
न थी दिल में तो क्यूँ निकली ज़बाँ से

*

मेरी इल्तजा पर बिगड़ कर वो बोले—
''नहीं मानते! इसमें क्या है किसी का ?''

*

वस्ल के बाब में की अर्ज़ तो हँस कर बोले—
'क्यों मरे जाते हो, हो जायेगा, हो जायेगा''

*

---

1. सन्तुष्ट।

साथ ला कर वो रक़ीबों को ये फ़रमाते हैं
"क्या सबब था जो मुझे तूने बुलाया तन्हा ?"

*

"वफ़ा करेंगे, निबाहेंगे, बात मानेंगे"—
तुम्हें भी याद है कुछ, यह कलाम किस का था ?

*

आँसू गिरा जो आँख से तक़दीर ने कहा—
"मिलते हैं देख ख़ाक में यूँ आबरु पसंद"

*

मुझसे कहता है यह एहसान जता कर ज़ालिम
"हम सिवा तेरे किसी पर भी सितम करते हैं ?"

*

जब मैं करूँ सवाल तो कहते हैं "चुप रहो"
क्या बात है ! जवाब नहीं इस जवाब का !

*

सुनकर फ़साना क़ैस का ज़ालिम ने ये कहा—
"आशिक ख़राबख़स्ता रहे पेशतर भी क्या ?"

*

परदे-परदे में गालियाँ दे कर
मुझसे वो पूछते हैं "क्या समझे ?"

*

रूठे को मनाते हैं वो प्यार से ये कह कर
"तेरी तो ये आदत है नाहक़ का गिला करना"

बोल कर झूठ मुझ से पूछते हैं
"झूठ में भी है कुछ मज़ा कि नही ?"

*

नहीं खेल ऐ 'दाग़' यारों से कह दो
कि आती है उर्दू ज़बाँ आते-आते
उर्दू है जिसका नाम, हमीं जानते हैं 'दाग़'
सारे जहाँ में धूम हमारी ज़बाँ की है

*

आप पछताएँ नहीं, ज़ोर से तौबा न करें
आप घबराएँ नहीं 'दाग़' का हाल अच्छा है

*

ख़ूब जी भर कर सुना पहले तो क़िस्सा 'दाग़' का
फिर कहा दिल थाम कर 'अफ़साना ऐसा चाहिए'

*

ऐ 'दाग़' क्या बताएँ मुहब्बत में क्या हुआ
बैठे बिठाये जान को आज़ार हो गया

*

रुसवा किया जो दिल ने तो अब कह रहे हैं 'दाग़'
दुश्मन को राज़दार किया, हमने क्या किया

*

कुछ और भी तुझे ऐ 'दाग़' बात आती है
वही बुतों की शिकायत, वही गिला दिल का

*

क्यों 'दाग़ देहलवी' की ज़बाँ मुस्तनद न हो
पैदा किया ख़ुदा ने उसे तख़्त गाह में

*

मुख़्तसर ये है कि अब 'दाग़' का हाल
बन्दा परवर नहीं देखा जाता
दिल में रहता है जो आँखों से निहाँ रहता है
पूछते फिरते हैं वो 'दाग़' कहाँ रहता है

*

कौन सा दिल है जिसमें 'दाग़' नहीं
इश्क में यादगार हम भी हैं

*

मैं 'दाग़' हूँ, मरता हूँ, इधर देखिए मुझको
मुँह फेर कर ये आप किधर देख रहे हैं

*

कोई नामो-निशां पूछे तो ऐ क़ासिद बता देना
तख़ल्लुस 'दाग़' है वो आशिकों के दिल में रहते हैं

सन्दर्भ

क़ाफ़िया

वे शब्द जो ग़ज़ल के पहले शे'र की दोनों पंक्तियों में, और हर शे'र के दूसरे मिसरे में रदीफ़ से पहले आएँ, उन्हें क़ाफ़िया कहते हैं। उदाहरण के लिए जिगर मुरादाबादी की ग़ज़ल के कुछ शे'र देखिये–

सदाकत हो तो दिल सीनों से खिचने लगते हैं वाइज़
हक़ीक़त खुद को मनवा लेती है मानी नहीं जाती
वो यूँ दिल से ग़ुज़रते हैं कि आहट तक नहीं होती
वो यूँ आवाज़ देते हैं कि पहचानी नहीं जाती
नहीं मालूम किस आलम में हुस्ने-यार देखा था
कोई आलम हो लेकिन दिल की हैरानी नहीं जाती।

इसमें 'मानी, 'पहचानी', 'हैरानी' काफ़िये के शब्द हैं और 'नहीं जाती' रदीफ़ है। क़ाफ़िये में एक ही शब्द की आवृत्ति आवश्यक नहीं, लेकिन उसका उच्चारण और नाद एक ही होना चाहिए। क़ाफ़िया ग़ज़ल का अनिवार्य अंग है। इससे एक ध्वन्यात्मक वातावरण की सृष्टि होती है जो ग़ज़ल की विशिष्टता है।

क़ाफ़िर

मूर्ति-पूजा करने वाले को काफ़िर कहते हैं। इस्लाम में मूर्ति-पूजा वर्जित है। मगर शायर-हिन्दू हो या मुसलमान–उसका पहला धर्म उसकी शायरी होती है–जो उसकी मानवीयता और संवेदनशीलता की परिणति है। वह हिन्दू-मुसलमान में, दैर-ओ-हरम में कोई फ़र्क नहीं देखता–

क़ा'बा मे भी कहते हैं मुसलमान को क़ाफ़िर
मैख़ाने में क़ाफ़िर को भी क़ाफ़िर नहीं कहते

वादा-शिकन प्रिय को भी कवि क़ाफ़िर कहते हैं। इस सन्दर्भ में ग़ालिब के इस शे'र की बानगी देखते ही बनती है :

मुहब्बत में नहीं है फ़र्क जीने और मरने का
उसी को देखकर जीते हैं जिस क़ाफ़िर पे दम निकले

क़ा'बा

खुदा के घर को क़ा'बा कहते हैं। यह मक्का में है और इस्लाम धर्म के अनुयायियों का सबसे बड़ा तीर्थ है। क़ा'बा की यात्रा को हज कहते हैं। यात्रा करनेवाला हाजी कहलाता है। इस यात्रा से बड़ा पुण्य प्राप्त होता है। क़ा'बा के पास एक पानी का सोता है जिसे ज़मज़म कहते हैं। इसके पानी से आत्मशुद्धि करने के बाद हाजी एक विशेष प्रकार का लिबास पहनता है जिसे जामा-ए-अहराम कहते हैं और, फिर वह खुदा के घर की परिक्रमा करता है। क़ा'बा का प्रयोग उर्दू-काव्य में पवित्रता और महानता के रूप में हुआ है :

खुलूस-ए-दिल से ही सजदा तो उस सजदे के क्या कहने
वहीं क़ा'बा सरक आया जबीं हमने जहाँ रख दी

क़ासिद

क़ासिद उर्दू काव्य का वह मासूम और दोस्ताना किरदार है जो प्रेमियों के पत्र और संदेश लाया, ले जाया करता है। प्रेम करने वाले उस पर भरोसा करते हैं, उसे अपना हाले-दिल सुनाते हैं, उससे प्रिय की बातें कर अपना जी कुछ देर को बहला लेते हैं। जलील मानिकपुरी देखिए किस खूबसूरती से अपना छोटा-सा पैग़ाम भिजवाते हैं—

क़ासिद पयाम-ए-शौक़ को देना न बहुत तूल
कहना फ़कत ये उनसे कि 'आँखें तरस गईं'।

वैसे क़ासिद के रक़ीब बन जाने की दिलचस्प दुर्घटना भी कभी-कभी हो जाती है।

क़ैस या मजनूँ

क़ैस अरब के बनी आमिर क़बीले का युवक था जो लैला नाम की लड़की के प्रेम में पागल था। क़बीलों की आपसी दुश्मनी के कारण वह लैला को हासिल न कर सका। उन्मत्त अवस्था में वह लैला को जंगलों, पर्वतों और रेगिस्तान में पुकारता घूमता था। धूल के बगूलों में उसे लैला का महमिल दिखाई देता था—

जब कोई गर्द-ओ-बाद उठा दश्त-ए-नज़्द से
उसको निगाह-ए-क़ैस ने महमिल बना दिया

दीवानगी के इसी आलम में क़ैस चल बसा, लैला भी उसके विरह को झेल

न सकी और उसकी मृत्यु हो गई। साहित्य में क़ैस प्रेम, आसक्ति, दीवानगी और जुनून का प्रतीक है। प्रेमी जन अपने प्रेमोन्माद की तुलना क़ैस से करते हैं—

क़ैस का नाम न लो, ज़िक्रे जुनूँ जाने दो
देख लेना मुझे तुम मौसमे-गुल आने दो

'जुनूँ' और 'महमिल' के अतिरिक्त क़ैस का संबंध आबलों (पाँव के छाले) से भी है। रेगिस्तान की गर्म रेत पर लैला को पुकारते दौड़ते-फिरते क़ैस के पाँवों में आबले पड़ जाते थे। बस्ती के लड़के उसकी हँसी उड़ाते, उसे पत्थर मारते किन्तु क़ैस पर इन बातों का कोई असर न था। प्रेमोन्भाद में उसे पीड़ा की अनुभूति ही नहीं होती थी। प्रेमियों के सांसारिक उपहास और पथराव के सन्दर्भ भी उर्दू काव्य में यत्र-तत्र मिलते हैं—

हमने मजनूँ पे लड़कपन में 'असद'
संग उठाया था कि सर साद आया।

—ग़ालिब

ख़िज्र

ये सम्भवतः हज़रत मूसा के ज़माने में हुए। ऐसा कहा जाता है कि आबे-हयात (अमृत) के चश्मे का पता केवल इन्हें मालूम था। इस सम्बन्ध में यह कहानी प्रसिद्ध है कि विश्व-विजेता सिकन्दर ख़िज्र के पास आया और उनसे कहा कि उसे आबे-हयात के चश्मे तक ले जाए ताकि वह अमृत पीकर अमर हो जाए। ख़िज्र ने उसे बहुत समझाया कि मनुष्य के लिए अमरत्व उचित नहीं किन्तु सिकन्दर न माना। अन्ततः ख़िज्र उसे उस चश्मे तक ले गए। वहाँ सिकन्दर ने मृत्यु को तरसते हुए वे अमर लोग देखे जो सदियों से वहाँ पड़े थे। उनकी हालत देखकर सिकन्दर ने अपना इरादा बदल दिया। वह वापस लौट गया। किन्तु ख़िज्र अमृत पीकर अमर हो गए। अमृत पीने के बाद ख़िज्र छिप गए अब वे क़यामत तक छिपे रहेंगे और भूले भटकों को राह दिखाने का काम छिपकर भी करते रहेंगे—

जो मौक़ा मिल गया तो ख़िज्र से ये बात पूछेंगे
जिसे हो जुस्तजु अपनी वो बेचारा किधर जाए।

—जोश मलीहाबादी

एक भिन्न विवरण के अनुसार ख़िज्र ने चश्मे के निकट पहुँचकर सिकन्दर को भटका दिया और आप अमृत पीकर अमर हो गए। इस प्रसंग में ग़ालिब का शे'र देखिए—

क्या किया ख़िज्र ने सिकन्दर से
अब किसे रहनुमा करे कोई

इस तरह उर्दू काव्य में ख़िज्र का उल्लेख अमरत्व का मार्गदर्शन और मार्ग भ्रष्ट करने तथा छिपे रहने के सन्दर्भ में आता है। कुछ कथाओं में ख़िज्र का दूसरा नाम इलियास बताते हैं। कुछ इलियास को ख़िज्र का भाई कहते हैं। इलियास का काम समुद्रों, नदियों, तूफ़ानों और बाढ़ों के समय नाविकों का पथ प्रदर्शन करना है।

गुलिस्ताँ

गुलो-बुलबुल, गुलिस्ताँ, आशियाँ, बाग़बाँ, बहार, सैय्याद और कफ़स उर्दू काव्य के पारम्परिक रूपक हैं जिनके माध्यम से शायर न केवल अपने दुखों और विवशताओं को बल्कि मानव-मात्र के दुःख, ज़माने भर के दर्द, राष्ट्रीय समस्याओं और समसामयिक राजनैतिक स्थितियों को प्रेषित करता है। प्रयोग देखिए–

गुल अपने, गुंचे अपने, गुलिसतां अपना, बहार अपनी
गवारा क्यों चमन में रह के ज़ुल्मे-बाग़वाँ कर ले

–सागर निज़ामी

बाँग़बाँ ने आग दी जब आशियाने को मेरे
जिन पे तकिया था वही पत्ते हवा देने लगे

–साक़िब लखनवी

नीड़ को आशियाना या नशेमन कहते हैं। इस रूपक के माध्यम से 'दाग़' ने अपने ज़माने की राजनैतिक उथल-पुथल का कैसा मार्मिक चित्र खींचते हैं–

मेरे आशियाँ के तो थे चार तिनके
चमन उड़ गए आँधियाँ आते-आते

दोहरी चाल चलने वालों के प्रति 'असर' का क्षोभ देखिए बहार के माध्यम से–

जहाँ हो दुरंगी बहारों-ख़िज़ाँ की
चमन वो नहीं आशियाने के क़ाबिल

–असर लखनवी

सैय्याद कहते हैं जाल फैलाकर पक्षियों को पकड़नेवाले को। जीवन के कटु सत्य को व्यंग्य की चाशनी में भिगोकर इस रूपक के माध्यम से 'अकबर' इलाहाबादी इस तरह से पेश करते हैं–

मेरे सैय्याद की तालीम की है धूम गुलशन में
यहाँ जो आज फँसता है वह कल सैय्याद होता है

क़फस का अर्थ है पिंजरा। गुलाम मानसिकता का निरूपण देखिए इन रूपकों के प्रयोग में—

ये इंक़लाब हुआ आलमे-असीरी में
क़फ़स में रह के हम अपनी सदा को भूल गए

—चक्रबस्त

अपने घर, अपने वतन से दूर कैदी का दर्द कितना गहराया है इन सीधी-सादी दो पंक्तियों में—

रूदादे-चमन सुनता हूँ इस तरह क़फस में
जैसे कभी आँखों से गुलिस्ताँ नहीं देखा

—असग़र गोंडवी

इन्हीं रूपकों के माध्यम से कितने सहज ढंग से ज़िगर मुरादाबादी अपने जीवन-दर्शन का खुलासा कर देते हैं—

गुलशन परस्त हूँ, मुझे गुल ही नहीं अज़ीज़
काँटों से भी निबाह किए जा रहा हूँ मैं

संसार एक गुलिस्ताँ हैं, प्रेमी बुलबुल हैं और प्रेम-पात्र गुल हैं। आनन्द और उल्लास का समय है 'मौसम-ए-बहार', विरह वेदना, उदासी और अकेलेपन का मौसम है 'ख़िज़ाँ' विपत्ति, दुर्भाग्य और निर्ममता के प्रतीक हैं—आँधी, बारिश, बर्क़, कफ़स और सैय्याद। सुखी जीवन का रूपक है 'नशेमन' या 'आशियाना'।

—ग़ालिब

उर्दू ग़ज़ल में इन रूपकों के विविध प्रयोग देखे जा सकते हैं।

जम

जम या जमशेद ईरान का बादशाह था जो अपने वैभव और ऐश्वर्य के लिए विख्यात था। जमशेद के पास एक बहुमूल्य शराब पीने का प्याला था। इस प्याले में, जिसे जामे-जम या जामे-जहाँनुमा कहा जाता है, जादुई शक्ति थी और इसके माध्यम से बादशाह को सारी दुनिया का हाल मालूम हो जाता था। ऐश्वर्य के प्रतीक रूप में इसका उल्लेख आता है।

'जाम-ए-जम' रूपक के तौर पर प्रेमी के हृदय के लिए भी प्रयुक्त होता है जिसमें प्रेम की मदिरा भरी रहती है। इसी प्रेम के बल पर वह आध्यात्मिक ज्ञान की उच्च स्थिति को भी प्राप्त करता है।

ज़मज़म

मक्का में क़ा'बा के पास एक खारे पानी का पवित्र सोता ज़मज़म के नाम से जाना जाता है। हज यात्री मदीने की परिक्रमा से पूर्व इसके पानी से शुद्धि के लिए वज़ू करते हैं। मगर शायर को धार्मिक अनुष्ठानों में आस्था नहीं।

ज़मज़म ही पे छोड़ो मुझे क्या तोफ़े-हरम से
आलूदा ब मय जामा-ए-अहराम बहुत है

–ग़ालिब

जामा-ए-अहराम उस पोशाक को कहते हैं जिसे पहनकर खुदा के घर की परिक्रमा की जाती है।

तख़ल्लुस

उर्दू कवियों में एक उपनाम की परम्परा रही है जिसे तख़ल्लुस कहा जाता है। यह वास्तविक नाम का एक भाग अथवा बिल्कूल भिन्न भी हो सकता है। उर्दू कवि ग़ज़ल के अन्तिम शे'र (मकता) में इसका प्रयोग करते हैं। कई बार तख़ल्लुस के सुन्दर प्रयोग से शे'र की अर्थवत्ता बढ़ जाती है। उदाहरणार्थ–

शबे 'फ़िराक' उठे दिल में और भी कुछ दर्द
मैं कैसे कह दूँ तेरी याद रात भर आई

दार-ओ-रसन

दार का अर्थ है फाँसी और रसन रस्सी को कहते हैं। इस प्रतीक से मंसूर हल्लाज नाम संत की शहादत का बोध होता है। मंसूर बड़े पहुँचे हुए सूफी और विचारक थे। उन्होंने आध्यात्मिकता के एक विशेष स्तर पर पहुँचकर 'अनहल हक' (अहम् ब्रह्मास्मि-यानि मैं खुदा हूँ) का नारा दिया। इस्लामी राजव्यवस्था ने इसे खुदाई का दावा समझा और मंसूर को फाँसी दे दी, मंसूर सत्य को स्थापित करने के लिए जान दे देने वाली अटूट आस्था है और दार-ओ-रसन उसका प्रतीक।

एक उदाहरण देखिए–

मुक़ाम 'फ़ैज़' कोई राह में जँचा ही नहीं
जो कूए-यार से निकले तो सूए-दार चले

–फ़ैज़ अहमद 'फ़ैज़'

दैर-ओ-हरम

दैर का अर्थ है मन्दिर और हरम मस्जिद को कहते हैं। उर्दू-काव्य में इस जोड़ी

का प्रयोग बहुतायत से प्रतीक के रूप में देखने को मिलता है। कवि की संवेदना साम्प्रदायिकता की पकड़ से आज़ाद है। धर्म उसके मन मस्तिष्क को ज़ज़ीरें नहीं पहना सकता। बन्धन उसके प्रति अपूर्णता का पर्याय है–

दीवार से घिरा था हरम का कसूर क्या
पैदा अगर हदूद में वुसअत न हो सकी

–जमील मजहरी

वह जानता है कि मन्दिरों-मस्जिदों में सजदे करने से खुदा नहीं मिलने वाला। उसकी तलाश तो अपने भीतर ही करनी होगी–

खुद अपने ही सोज़-ए-बातनी से निकाल इक शम्म-ए-गैरफ़ानी
चिराग-ए-दैर-ओ-हरम तो ऐ दिल जला करेंगे, बुझा करेंगे

–जिगर मुरादाबादी

नमरूद

नमरूद उस ईरानी बादशाह का नाम था जिसने शक्ति के मद में अँधे होकर खुदाई का दावा किया। पैग़म्बर इब्राहीम ने उसे खुदा मानने से इंकार किया। इस पर नमरूद ने उन्हें ज़िन्दा आग में फिकवा दिया। किन्तु इब्राहीम ज़रा भी विचलित नहीं हुए। इस आग को काव्य में 'आतिश-ए-नमरूद' के नाम से प्रयुक्त किया जाता है। यह आग इब्राहीम को जला नहीं सकी। ईश्वर की कृपा से वह खुद ही बुझ गई। उस जगह फूल खिल गए और एक सुन्दर बाग बन गया। इस बाग को 'गुलज़ार-ए-इब्राहीम' अथवा 'गुलशन-ए-ख़लील' कहते हैं। नमरूद स्वभाव से बड़ा क्रूर था और प्रजा उसके अत्याचार से दुखी थी। एक धारणा यह भी है कि किसी को श्राप देने के कारण नमरूद की दुआओं में असर न रहा। इसी सन्दर्भ की ओर संकेत किया है मिर्ज़ा ग़ालिब ने इस शे'र में–

क्या वो नमरूद की खुदाई थी
बंदगी में मेरा भला न हुआ

नासेह

नसीहत करनेवाले को नासेह कहते हैं। नासेह का काम है आशिक को समझाना कि वह इश्क़ से बाज़ आए। मगर दर हक़ीक़त प्रेमीजनों पर उसकी नसीहतों का कोई असर होता नहीं। उसके माध्यम से प्रेमी की तड़प और उभरकर सामने आती है। उदाहरणार्थ–

दिल लगी दिल्लगी नहीं नासेह
तेरे दिल को अभी लगी ही नहीं

—दाग़

और कभी तो समझाने का उल्टा ही नतीजा निकलता है—

अब तो हर शाम गुज़रती है उसी कूचे में
ये नतीजा हुआ नासेह तेरे समझाने का

—इक़बाल

फ़रहाद

फ़रहाद नाम का एक संगतराश युवक तत्कालीन ईरान नरेश परवेज़ की रूपसी पत्नी शीरीं से प्रेम करने लगा। वह शीरीं को हासिल करने के लिए कुछ भी करने को तैयार था। उसके पागलपन को देखकर बादशाह ने मज़ाक में कहा कि यदि वह बेसतूँ पर्वत को काटकर शीरीं के लिए दूध की नहर ले आए, तो शीरीं उसकी हो जाएगी। कोई विचारशील व्यक्ति ऐसे दुस्साहस की कल्पना भी न करता। मगर फ़रहाद तो शीरीं का दीवाना था। वह अपने औज़ार लेकर बेसतूँ की ओर चल पड़ा और अपनी लगन और अथक परिश्रम से पहाड़-काटकर 'जू-ए-शीर' अर्थात दूध की नहर निकाल दी। फ़रहाद ने जब असंभव को संभव कर दिखाया तो राजा घबराया और उसने एक बुढ़िया के द्वारा फ़रहाद तक शीरीं की मृत्यु की झूठी खबर पहुँचा दी। फ़रहाद यह दुख सहन न कर सका और उसने सिर में तेशा मारकर आत्महत्या कर ली। कवि फ़रहाद जैसी लगन और उसके उन्माद की तुलना से अपने प्रेम की पराकाष्ठा सिद्ध करते हैं—

लोग जब सुनते हैं किस्से तेरे दीवाने के
क़ैस-ओ-फ़रहाद के अफ़साने उठा रखते हैं

—अक़बर

फ़रहाद को पहाड़ काटने के कारण 'कोहकन' भी कहा जाता है :

तुम्हीं सच-सच बताओ कौन था शीरीं के पैकर में
कि मुश्ते-ख़ाक की हसरत में कोई कोहकन क्यों हो

आसी ग़ाजीपुरी ने इस शे'र में फ़रहाद के किस्से को अर्थवत्ता की निःस्सीमता प्रदान की है।

मक़ता

ग़ज़ल के अन्तिम 'शे'र को मक़ता कहते है। इसमें बहुधा शायर का तख़ल्लुस भी होता है। उदाहरण के लिए देखिए—

है कुछ तो बात 'मोमिन' जो छा गई ख़ामोशी
किस बुत को दे दिया दिल, क्यों बुत से बन गए हो

कभी-कभी मक़ते में कवि के तख़ल्लुस को ऐसा प्रयोग भी देखने में आता है कि वह उपनाम होने के साथ-साथ शे'र की अर्थवत्ता को भी द्विगुणित करता है जैसे—

कोई नामो-निशाँ पूछे तो ऐ क़ासिद बता देना
तख़ल्लुस 'दाग़' है वो आशिकों के दिल में रहते हैं

मतला

मतला ग़ज़ल और कसीदे के उस पहले शे'र या उन प्रारम्भिक शे'रों को कहते हैं जिनके दोनों मिसरों में रदीफ़ क़ाफ़िया एक ही हो। बहुधा ग़ज़ल का एक चौथाई भाग मतलों का होता है किन्तु इनकी संख्या निश्चित नहीं। पूरी ग़ज़ल मतलों में या मतलों के बिना भी कही जा सकती है। कसीदों में इनकी संख्या अपेक्षाकृत अधिक होती है।

मै और मैक़दा

एक सामान्य धारणा है कि उर्दू शायरी हुस्न-ओ-इश्क़, और मै, यानि शराब की शायरी है। वास्तव में ये काव्य के परम्परागत रूपक हैं और इनके अभाव में ग़ज़ल का अपना विशेष रंग और प्रभाव स्थापित नहीं होता। मै के प्रयोग का चलन उर्दू-शायरी में फ़ारसी से आया है। इसे काव्य-विशेष की अपेक्षा काव्य-रूपक के रूप में देखा जाना चाहिए। मै, मैख़ाना, जाम-ओ-मीना, साग़र-सुराही वे तमाम रूपक हैं जिनके माध्यम से शायर अपने अनुभव, व्यक्तिगत दुःख, परेशानी, विवशता, ग़म और ख़ुशी के अतिरिक्त अपने जीवन-दर्शन, अध्यात्म और समसामयिक समस्याओं का काव्यात्मक और कलात्मक ढंग से निरूपण करता है। ग़ज़ल संकेतात्मक काव्य-रूप है और शे'र की दो पंक्तियों में विशद सारगर्भित तत्त्व सम्प्रेषण की शक्ति है जो रूपकों के प्रयोग से द्विगुणित हो उठती है। कुछ उदाहरण देखिए : कवि की आपबीती और जगबीती (ग़मे-जानाँ और गमे-दौराँ) इस शे'र में एक रूप हो उठी है—

यक़ीनन आ गया है मैक़दे में तिश्नालब कोई
कि पीता जा रहा हूँ कैफ़ियत कम होती जाती है

—वामिक जौनपुरी

इसी रूपक के माध्यम से 'मजाज़' अपना जीवन दर्शन यूँ सहज अदा कर देते हैं—

इस महफ़िले-कैफ़ो मस्ती में, इस अंजुमने-इरफ़ानी में
सब जाम-ब-कफ़ बैठे ही रहे, हम पी भी गए छलका भी गए

–असरारुल हक़ 'मजाज़'

जीवन की आपाधापी को इन्हीं प्रतीकों के माध्यम से 'शाद' अज़ीमाबादी इस तरह व्यक्त करते हैं–

ये बज़्मे-मै है, यहाँ कोताह दस्ती में है महरुमी
जो बढ़कर खुद उठा ले हाथ में मीना उसी का है

और आनन्द नारायण 'मुल्ला' इन्हीं कोमल संकेतों से सारी व्यवस्था पर कैसा करारा प्रहार करते हैं–

निज़ामे-मैक़दा साक़ी बदलने की ज़रूरत है
हज़ारों हैं सफ़ें जिनमें न मै आई, न जाम आया

यूसुफ़-ज़ुलेखा़

यूसुफ़ पैग़म्बर याकूब के पुत्र थे। ये बहुत ही सुन्दर, सुशील और गुणवान व्यक्ति थे। इनके सरल, सौम्य स्वभाव के कारण इनके पिता का इन पर विशेष स्नेह था। यह बात इनके भाइयों को न भाती थी। अतः उन्होंने षड्यन्त्र किया और यूसुफ़ को अँधे कुएँ में धकेल दिया। पिता से कह दिया कि यूसुफ़ मर गए। याकूब पुत्र-वियोग में रो-रोकर अँधे हो गए। उधर राह चलते कुछ व्यापारियों ने यूसुफ़ को देख लिया और उन्हें अँधे कुएँ से बाहर निकाला। वे इन्हें अपने साथ मिस्र ले गए और वहाँ के बाज़ार में बेच दिया। मिस्र के एक राज्याधिकारी की पत्नी ज़ुलेखा़ इनके रूप पर आसक्त हो गई और उसने यूसुफ़ को खरीद लिया। मगर यूसुफ़ सदाचारी थे। ज़ुलेखा़ द्वारा लगाए गए झूठे आरोपों को उन्होंने निराधार सिद्ध कर दिया। इससे यूसुफ़ को बहुत सम्मान मिला। मिस्र का बादशाह भी इनका बहुत आदर करने लगा। इन्होंने मिस्र की जनता की अकाल से रक्षा की। इनकी पैग़म्बर के रूप में प्रतिष्ठा हुई। साहित्य में यूसुफ़ सौन्दर्य और सदाचार का प्रतीक है। एक उदाहरण देखिए–

दामन उस यूसुफ़ का आया पुर्ज़े होकर हाथ में
उड़ गई सोने की चिड़िया रह गए पर हाथ में

–आरज़ू लखनवी

प्रिय को यूसुफ़ भी कहा जाता है और उसके सौन्दर्य की तुलना यूसुफ़ से की जाती है। सीरिया के कनआन नामक गाँव में जन्म लेने के कारण इन्हें 'माहे-कनआं' भी कहा जाता है और मिस्र की अकाल से रक्षा करने के कारण

'माहे-मिस्र' भी। पिता की आँखों पर डालने के लिए इन्होंने अपना जो वस्त्र भेजा था उसे 'पैरहने-यूसुफ़' कहते हैं और उसकी ख़ुशबू को 'बू-ए-यूसुफ़'।

रक़ीब

रक़ीब का अर्थ है प्रतिद्वन्द्वी। यह क़ासिद, नासेह, वाइज़ और ज़ाहिद की तरह उर्दू काव्य के कुछ विशिष्ट चरित्रों में से एक है। प्रेमी का यह दुर्भाग्य है कि उसके प्रिय की कृपादृष्टि बहुधा रक़ीब पर ही रहती है। पास बैठने, बात करने का मौक़ा उसी को मिलता है और शायर प्रेमी यह देखकर कभी कुढ़ता है, कभी ईर्ष्या की आग में जलता है, कभी तंग आकर शिकायत करता है तो कभी स्वाभिमान के मारे चुप साध लेता है। यही तमाम रंग उसकी शायरी में भी बल खाते हैं। एक उदाहरण देखिए–

इस नक्शे-पा के सजदे ने क्या-क्या किया ज़लील
मैं कूचा-ए-रक़ीब में भी सर के बल गया

रक़ीब की उपस्थिति से उर्दू-काव्य में कवि की प्रेम-व्यथा बड़ी तीव्रता के साथ उजागर होती है। इसलिए किसी ने कहा था–

लज़्ज़ते-इश्क़ गई ग़ैर के मर जाने से

रदीफ़

कई बार शे'रों के अन्त में अनुप्रास युक्त शब्दों के स्थान पर एक ही शब्द को बार-बार दोहराया जाता है। इसे रदीफ़ कहते हैं। तुक होने के कारण क़ाफ़िया बदलता रहता है। लेकिन रदीफ़ पूरी ग़ज़ल में अक्षरशः वही रहती है। उदाहरणार्थ–

नहीं मालूम दिल पे क्या गुज़री
इन दिनों कुछ ख़बर नहीं आती
हाले-दिल मिस्ले-शमअ रौशन है
गो मुझे बात कर नहीं आती
दिन कटा जिस तरह कटा लेकिन
रात कटती नज़र नहीं आती

ख़्वाजा पीर मुहम्मद 'असर' के इन शे'रों के दूसरे मिसरे के अन्त में 'नहीं आतीं' शब्द बार-बार दोहराए गए हैं। ये ग़ज़ल की रदीफ़ हैं। रदीफ़ बहुधा ग़ज़ल और कसीदे के शे'रों के अन्त में देखने में आती है, लेकिन यह इन काव्य-विधाओं का अनिवार्य अंग नहीं। बहुधा नज़्म के पहले शे'र के दोनों मिसरों में रदीफ़ का प्रयोग

होता है। ग़ज़ल के ध्वन्यात्मक सौन्दर्य में 'रदीफ़' का विशेष स्थान है। बिना रदीफ़ की ग़ज़ल को गैर मुरद्दफ ग़ज़ल कहा जाता है।

रिन्द

मद्यप्रेमी को रिन्द कहते हैं। उर्दू-काव्य का यह चरित्र शायर खुद है और उसे अपने आपको रिन्द कहने या कहलाने में कतई शर्म या किसी प्रकार की अपराध भावना का अहसास नहीं। मगर यह ज़रूरी नहीं कि अपने को रिन्द कहनेवाला कवि वास्तविक जीवन में भी मदिरा-प्रेमी हो। रिन्द केवल मद्यप ही नहीं, परम्परा से हटकर चलनेवाले के लिए भी प्रयुक्त होता है। साग़र निज़ामी की रिन्द की परिभाषा देखिए—

रिन्द हूँ कब दूसरे का आसरा रखता हूँ मैं
आँख में सागर, नज़र में मैकदा रखता हूँ मैं

वस्तुतः रिन्द का चरित्र मै, मैक़दा, जाम-ओ-मीना, और साग़र-सुराही जैसे रूपक उर्दू-काव्य की अनिवार्य सृष्टि है। रिन्द और वाएज़ और शेख़ जैसे धर्मोपदेशकों की नोक-झोंक उर्दू ग़ज़ल में नाटकीयता और कथोपकथनात्मकता का गुण पैदा करती है।

लैला

लैला और मजनूँ अथवा क़ैस की प्रेमकथा विश्वविख्यात है और प्रेम का पर्याय बन गई है। लैला के लिए क़ैस के जुनूँ और दीवानगी के क़िस्से से शायद ही कोई अपरिचित हो। यह क़ैस वस्तुतः अरब के बनी आमिर क़बीले के एक प्रतिष्ठित व्यक्ति का पुत्र था जो बचपन में ही लैला पर आसक्त हो गया। बड़े होने पर वह लैला से विवाह करना चाहता था किन्तु दोनों परिवारों के बीच दुश्मनी के कारण ऐसा संभव न हो सका। घोर निराशा और असहनीय प्रणय पीड़ा के कारण क़ैस उन्मत्त हो गया। वह कपड़े फाड़कर नंगे पाँव वीरानों और रेगिस्तानों में मारा-मारा फिरता और 'लैला, लैला' पुकारता तभी उसका नाम मजनूँ पड़ गया। लैला भी मजनूँ की दीवानी थी। वह अपनी ऊँटनी पर सवार होकर मजनूँ को रेगिस्तान में ढूँढ़ने भी गई मगर मजनूँ सचमुच पागल हो गया था। वह निराश होकर वापस लौट गई। मजनूँ रेगिस्तान के बगूलों को लैला का 'महमिल' (ऊँट का हौदा) समझकर उनके पीछे भागता और 'अना-लैला' (अर्थात् मैं लैला हूँ) पुकारता रहता।

इस प्रेम कथा के त्रासद अन्त से सम्बद्ध दो विवरण मिलते हैं। एक के

अनुसार लैला को बदनामी से बचाने के लिए उसके पिता ने क़ैस के पास यह झूठी ख़बर भेजी कि लैला की मृत्यु हो गई। यह समाचार क़ैस सह नहीं पाया और उसकी मृत्यु हो गई। दूसरे विवरण के अनुसार मजनूँ के वियोग में घुल-घुलकर लैला ने सचमुच ही प्राण त्याग दिए, और जब क़ैस को यह पता चला तो वह दौड़ता हुआ लैला की कब्र पर गया और वहीं अपनी जान दे दी।

मजनूँ साहित्य में उत्कृष्ट प्रेम, निराशा, वहशत और आत्मोत्सर्ग का प्रतीक है और लैला 'प्रिय' का प्रतीक मानी जाती है और इनके माध्यम से केवल सांसारिक ही नहीं आध्यात्मिक प्रेम के मार्ग में आनेवाली कठिनाइयों का सम्प्रेषण भी किया जाता है।

वाएज़

धर्मोपदेशक को वाएज़ कहते हैं। वाएज़ उर्दू काव्य को फ़ारसी साहित्यिक परम्परा की देन है। मदिरा प्रेमी और लीक से हटकर चलनेवाले शायर और वाएज़ में हमेशा तक़रार चलती है। वाएज़ रिन्द को गुमराह जानकर उसे शराबनोशी से बाज़ आने की हिदायत करता है, उसे संयम-नियम और व्रत उपवास का उपदेश देता है। मगर शायर उसे अज्ञानी और पाखंडी मानता है और उसके कर्मकांड का उपहास करता है। सांसारिक सुखों से विमुख होकर जन्नत में उन्हीं सुखों की लालसा राखनेवाला वाएज़ बहुधा कवि के व्यंग्य का शिकार हो जाता है—

उठाकर अपना बिस्तर राह ले जन्नत की ऐ वाएज़
ढला जाता है हूरों का शबाब आहिस्ता-आहिस्ता

—'असद' गोरखपुरी

वाएज़ ऐसे व्यक्ति का प्रतीक है जिसका ज्ञान उथला है और मानव-पक्ष अधूरा। इसका काम सिर्फ उपदेश देना है। जीवन के विभिन्न रंगों से इसकी पहचान नहीं, और न ही उनकी तह तक पहुँचने की क्षमता :

आदमीयत है फ़रिश्तों से बहुत दूर 'रविश'
वाएज़-ए-शहर को दुश्वार है इंसाँ होना

—रविश सिद्दीक़ी

●●●